Todo una mujer

Todo una mujer

FRANCISCA de OVIEDO y PALACIOS

Marcelo Blázquez Rodrigo

Número de Control de la Biblioteca del Congreso de EE. UU.:   2016900418
ISBN: Tapa Dura   978-1-5065-1174-0
                Tapa Blanda   978-1-5065-1173-3
                Libro Electrónico   978-1-5065-1172-6

Información de la imprenta disponible en la última página.

Fecha de revisión: 22/03/2016

Para realizar pedidos de este libro, contacte con:
Palibrio
1663 Liberty Drive
Suite 200
Bloomington, IN 47403
Gratis desde EE. UU. al 877.407.5847
Gratis desde México al 01.800.288.2243
Gratis desde España al 900.866.949
Desde otro país al +1.812.671.9757
Fax: 01.812.355.1576
ventas@palibrio.com
733871

ÍNDICE

PRÓLOGO

Conocí a Marcelo Bláquez Rodrigo hace muchos años. Antes de ser yo consciente de la brillante trayectoria biográfica que atesora, me cautivó su extraordinaria personalidad y la especial manera de contar las propias vivencias particulares. Quienes nos dedicamos profesionalmente al quehacer de la comunicación solemos detectar de inmediato estas cualidades en nuestros interlocutores. Gajes del oficio para agilizar el trabajo cotidiano. Encontrarse con personas que relatan aconteceres con tanta sencillez y gracia, sin recurrir a florituras y soliloquios grandilocuentes y empalagosos, es de agradecer, por que así, facilitan la tarea de transmitir a los demás cuanto de estas se pretende dar a conocer. Ello no está reñido con que su fluidez verbal y agilísima pluma, en muy diversos géneros, merezcan grandes elogios. Fue la impresión que recuerdo al entablar mi primera conversación con el sabio amigo que tenía delante.

Poco después, tras ir descubriendo su rica producción literaria, pude observar que Marcelo escribe como habla y habla como escribe: maravillosamente. Cuando te adentras en cualquier pasaje de sus obras publicadas o inéditas percibes, casi sin darte cuenta, la sensación de estar escuchando el sonido de su voz rotunda y bien timbrada de tonalidades radiofónicas. Es como si estuviera a tu lado, hablándote al oído, achicando distancias entre Albany (EEUU), lugar de residencia habitual y su Serradilla natal, provincia de Cáceres en cuya parroquia de Nuestra Señora de la Asunción, había sido ordenado sacerdote el 19 de junio de 1960.

Cuando te planteas referir todo lo que has aprendido de un personaje tan singular como nuestro autor, se agolpan las emociones. Es tanto lo que se puede decir que inevitablemente, siempre, incurriríamos en omisiones clamorosas al silenciar algún mérito digno de ser resaltado. Por eso, remito al lector a las pertinentes fuentes documentales, ya editadas, para consultas sobre detalles pormenorizados que quiera saber de su fructífera experiencia acumulada.

La gran Historia es la suma de muchas pequeñas crónicas de esperanza, de ternura, de frustraciones, de ilusiones que marcan la mentalidad de una hora. De un momento. No sé cómo se podría escribir para la posteridad si desaparecieran los eruditos locales. Marcelo es uno de ello, desde el primer minuto, porque antes de emprender la gran aventura allende los mares (1973), bregó en faenas muy pegadas a su tierra madre de Extremadura habiendo dado lo mejor de sí mismo. Aquí fue corresponsal de radio y prensa regional, maestro y profesor, filósofo y teólogo, pianista…precursor de teatros y rondallas, delegado de educación física y deportes. Dinamizador incansable de actividades e iniciativas que en alguna ocasión recibieron su justo premio y reconocimiento por los estamentos sociales de la época.

En Monroy, donde desarrolló sus primeros cuatro años de vida consagrada y en Jaraíz de la Vera otros nueve más, dejó huella de su paso firme y decidido.

Ya en los Estados Unidos, fue nombrado Director del Apostolado Hispano de la Diócesis de Albany capital del Estado de New York. Durante veintiséis años desempeñó sus servicios profesionales como capellán en varias prisiones de alta seguridad. Con espíritu solidario de clara vocación cristiana fundamentada en un profundo sentido de la caridad, supo estar a la altura de las exigencias requeridas por incontable número de reclusos y familiares en situaciones extremas de sufrimiento y dolor. La máxima de San Agustín de: "Donde no hay caridad no puede haber justicia" o "en lo esencial unidad, en lo dudoso, la libertad y por encima de todo: la caridad". El libro "Un cura entre rejas" que publicó en 2005 recoge gran cantidad de ejemplos que ilustran, a las mil maravillas, el carácter humanitario y generoso de su autor sin renunciar en la descripción de hechos y anécdotas a su peculiar sentido del humor. Con anterioridad ya habían visto la luz otras publicaciones suyas como: "Pinceles para la paz", "La Dama del Arpa", o su estudio-tesis doctoral sobre "La Gatomaquia" de Lope de Vega que prologó, nada menos que, Don Manuel Alvar y publicó a continuación el Consejo Superior de Investigaciones Científicas. Sigue sin parar investigando y escribiendo sobre muy diversa temática, pero vuelve a retomar la pasión por los clásicos de nuestro siglo de Oro, incluyendo en la lista el género de "los cuentos" en las obras teatrales de Calderón de la Barca. Aún hay todo un atractivo suma y sigue del que ya se hablará en otra ocasión más bien cercana.

Norte América comparte el honor de contar entre sus habitantes con uno de los hijos más preclaros que ha dado nuestra tierra en los últimos tiempos. También es cierto que ni una sola vez faltó, por vacaciones, a la cita anual con su España querida para encontrarse y conversar largo y tendido junto a los muchos amigos que nunca olvida.

Ahora, en plenitud intelectual Bláquez Rodrigo, natural de Serradilla y de pila bautismal Marcelo, nos sorprende con lo que es imposible que pudiera faltar en esa amplia galería bibliográfica firmada con su nombre. No debía extrañarnos. Era como una asignatura pendiente. Tenía que ser él y nadie más quién cumpliera la misión de reivindicar con absoluto merecimiento la vida y obra de una figura irrepetible nunca suficientemente conocida y reconocida incluso por sus propios paisanos del pueblo y de toda la región: La Beata Francisca de Oviedo y Palacios. Esta es la historia de la Sierva de Dios que tras vencer grandísimas dificultades y obstáculos a lo largo de toda su vida consigue, con la ayuda del Altísimo, el bien más preciado con que hoy cuenta la localidad de Serradilla.

A su enorme desvelo, ardor, entusiasmo y, sobre todo, fe inquebrantable debe atribuirse la presencia del Cristo de la Victoria en el lugar de honor que hoy ocupa. También la del convento de MM. Agustinas Recoletas que llegó unos años después. El gran amor y cuidados a la Santa Imagen que siempre le han dispensado las monjitas de San Agustín con su Madre fundadora a la cabeza sabiendo mantener permanentemente encendida la llama fervorosa de sus plegarias es digno de admiración.

El libro recoge de principio a fin cada uno de los pasos, trabas y superaciones que Francisca de Oviedo hubo de asumir en su largo camino hacia el alto objetivo que Dios le había encomendado. Marcelo Blázquez lo describe con todo lujo de detalles: La talla del Cristo en

Madrid y las complicaciones para traerlo desde la capital del reino hasta su entronización definitiva en el Santuario de Serradilla, pasando previamente por Plasencia y su difícil salida. Fue un recorrido largo y costoso aunque plagado de prodigios y milagros que a lo largo de los años ha ido acrecentando la devoción de miles de peregrinos llegados de muy diversos lugares.

Estos años atrás, hicimos mi esposa y yo andando, como promesa, la distancia que une la capital de Cáceres con Serradilla – 64 km – durante trece horas sin parar de caminar, con sus dos riberos incluidos en descenso y subida considerables. Exhaustos, cansados, extenuados pero pletóricos de alegría por fin llegamos. El Santísimo Cristo de la Victoria nos dio fuerza para conseguirlo. A sus pies nos postramos en acción de gracia y a las nueve de la mañana participamos en la Eucaristía de los caminantes. Cuando tengo entre mis manos el libro de Marcelo sobre La Beata Francisca de Oviedo y Palacios sé que gracias también a su fe, que movió montañas, nosotros, como tantos y tantos, podemos seguir arrodillándonos ante la Sagrada imagen milagrosa de Jesús Resucitado abrazando su Santa Cruz en Serradilla

Mucho más que un valioso trabajo de investigación con datos de lugares, nombres y fechas bien ordenado y preciso, que por supuesto también, es un documento histórico, sin precedentes, que viene a llenar un hueco en la memoria colectiva de nuestra comunidad extremeña en su proyección mundial.

Florencio Bañeza Zanca
Consejero del Grupo COPE en Extremadura

INTRODUCCIÓN

Serradilla disfruta del singular privilegio de tener en el pueblo una imagen famosa, singular, milagrosa y venerada: **El Cristo de la Victoria**. Imagen a la que no sólo el pueblo de Serradilla rinde una devoción especial, sino gentes de otras latitudes que vienen a postrarse y rendir pleitesía de amor y agradecimiento ante su imagen.

Este hecho dura ya casi cuatro siglos, acrecentado superlativamente en las últimas décadas. Es decir, que lo más característico y singular que tiene Serradilla es su Cristo de la Victoria y como complemento, el Convento de MM. Agustinas Recoletas. Y este inapreciable legado se lo debemos a una mujer. No cabe duda que la persona que más ha influido en el devenir histórico y religioso de Serradilla ha sido, sin duda alguna, esa mujer. Y esa mujer merece el recuerdo, el respeto y el agradecimiento de cada serradillano y de todo devoto del Cristo de la Victoria.

Y esa mujer tiene nombre y apellidos. Esa mujer se llamaba:

FRANCISCA DE OVIEDO Y PALACIOS.

Es cierto que hasta hace bien poco (domingo, 2 de mayo de 1999) no se la ha erigido un monumento en bronce en una esquina de la Plaza del Santuario y no muchos años antes (Julio 3, 1960) se le dedicó a su nombre la calle del Naranjo, donde vivió y murió.

Pero ¿sabría cada serradillano o devoto del Cristo decir a otros los avatares y dificultades que esta bendita mujer sufrió para regalarnos esta joya de la que nos sentimos tan orgullosos? A salvar ese vacío va dirigida esta semblanza.

Los serradillanos la siguen llamando simplemente "LA BEATA".

BEATA no debe entenderse como la persona reconocida por la Iglesia Católica en ese rango protocolario antes de ser declarada SANTA, según el Código de Derecho Canónico, promulgado por el papa Benedicto XV el año 1918. Según este documento los grados del proceso para llegar oficialmente a la santidad son los siguientes: Siervo de Dios, Venerable, Beato y Santo.

En el siglo XVI y XVII ese nombre de Beata se daba a toda persona seglar, inscrita en la Tercera Orden de San Francisco de Asís y equivalía a persona DEVOTA, PIADOSA Y ENTREGADA A DIOS, según la Orden del *Poverello*.

Así pues, no estamos ante una mujer declarada Beata por la jerarquía eclesiástica, aunque así la reconozcamos nosotros aquí.

Tampoco se trata del concepto despectivo de persona mojigata, santurrona, gazmoña, meapilas, puritana o hipócrita.

Se trata de una mujer piadosa, devota y caritativa que asumió la responsabilidad de cargar sobre sus hombros la ingente obra humanitaria de atender a los más pobres y necesitados de Serradilla en el siglo XVII. Una gran mujer, como otras muchas que han dado sus vidas en servicio de los demás en el mayor anonimato y sencillez, pero con una voluntad de hierro y un corazón tan grande y generoso como las inmensas llanuras de la Meseta Castellana.

Bien podía haber sido elevada a la categoría de beata o incluso santa, en el sentido moderno, de no haber sido por la humildad de su existencia o la apatía de los que la conocieron y no movieron un dedo para conseguir el cuantioso dinero que se necesita para una declaración oficial. No cabe duda que lo hubiera merecido. Pero ni en Plasencia ni en Trujillo se percataron de la presencia de aquella muchacha sencilla que caminaba por la rúa Zapatería camino de San Nicolás, San Esteban o San Martín o la calle los Quesos de la ciudad del Jerte o que acudiera a misa en la Iglesia de San Francisco, San Martín o de Santa María la Mayor en la cuna de Francisco Pizarro. En Serradilla, simplemente se la estimaba y respetaba por su dedicación a obras de caridad y beneficencia. Era una más del montón de beatas que proliferaban en las ciudades extremeñas de marcado carácter religioso.[1]

---

[1]   En Trujillo hubo un grupo de mujeres que formaron un *Beaterío* de Terciarias Dominicas, fundado por Isabel la Católica y otro de Franciscanas, fundado por la Orden de los Concepcionistas. En la actualidad alberga el Parador Nacional de Turismo. También había *Beateríos* en Cáceres. Badajoz, Coria, Plasencia, Llerena, Bancarrota, Frenegal de la Sierra, Zafra, Jerez de los Caballeros, etc.

Y es que los designios de Dios son inescrutables y sólo Él sabe por qué ocurrió así. Su mérito escondido es conocido por Dios y su recompensa ya la habrá recibido en el cielo. La humildad de la violeta siempre será aplaudida, aunque no alcance el esplendor de la rosa. Nadie se preocupó de escribir nada sobre una humilde mujer que pasaba desapercibida para la inmensa mayoría de sus contemporáneos en los muchos años de su vida.

Por eso no es fácil – a falta de datos concretos - trazar una trayectoria fiable de las particularidades de algunas etapas de su vida. Hemos de ceñirnos a lo recopilado por quienes han conseguido trazar unas pinceladas verídicas en el pasado y poder airear sus buenas obras y ofrecer un conocimiento más amplio al silencio de los tiempos.

Francisca nace en Plasencia, el mismo año en que Lope de Vega forma parte de la expedición de don Álvaro de Bazán, y conquista la *Isla Terceira* y un año después de la muerte de santa Teresa de Jesús y a los tres años del nacimiento de Quevedo. Posiblemente a sus cinco años ni se enteró que se había celebrado el Tercer Concilio de Lima ni que la *Armada Invencible*, enviada por Felipe II contra la *pérfida Albión,* fue derrotada y dispersada por las tempestades en el Canal de la Mancha, dando así principio al poderío marítimo de Isabel I de Inglaterra.

Es bautizada en la iglesia de San Pedro, entonces filial de la parroquia del Salvador, en cuyo archivo parroquial se encuentra la siguiente certificación:

"En Plasencia a 17 de enero de 1588 yo, Alonso de Vargas, cura propio de la iglesia de San Pedro, bauticé a Francisca, hija de Juan de Oviedo y de María Hernández, su mujer. Fue su padrino Cosme Pérez. Testigos: Alonso López y Antonio de Aguilar. Fecha ut supra.

Alonso de Vargas. Firmado"

En nota marginal se lee: *Francisca de Juan de Oviedo.²*

---

² Estos datos corresponden al libro I, Folio 84 de bautismos de la parroquia de San Pedro, filial entonces de la del Salvador. Datos facilitados a las Religiosas Agustinas Recoletas de Serradilla por el erudito sacerdote don Rafael Prieto Ramírez el 12 de Octubre de 1983.

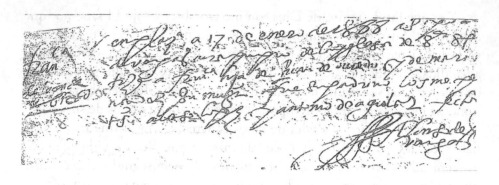

Fotocopia del documento de bautismo de Francisca de Oviedo.

Se sabe que el padre era de Serradilla y la madre de Plasencia. ¿Por qué aparece como Palacios y no como Hernández que era el apellido de la madre? Tal vez en aquella época, se podían usar los dos apellidos del padre. Así lo cuenta Menéndez Pidal quien asegura que era costumbre en la época adoptar el segundo apellido del padre. Como prueba, la madre de Lope de Vega y Carpio se llamaba María Fernández Flores. Carpio le venía también de su padre. La madre de Quevedo era María de Santibáñez. Villegas también era de su padre.

El caso es que los padres de Francisca iniciaron a su hija en los principios básicos de la religión que profesaban, las virtudes teologales de la fe, esperanza y caridad y las virtudes cardinales de prudencia, justicia, fortaleza y templanza, refrendadas por el santo temor de Dios. Cuando aún era una jovencita adolescente fallecen sus padres y la muchacha, huérfana, pasa a vivir en Trujillo con unos familiares y a los veinte años llega a Serradilla a requerimiento de unos parientes de su padre y allí se instaló definitivamente hasta su muerte ocurrida en 1659. Una vida plena de 71 años, muchos años para aquella época, de los cuales 56 transcurrieron en Serradilla.

Época que es necesario encuadrarla en el contexto de aquel tiempo para mejor comprender sus circunstancias concretas, tan diferentes de la actual.

Imagen del Smo. Cristo de la Victoria. Serradilla, Cáceres.

LA ÉPOCA

Las ideas surgidas en la Edad Media se conservaron durante los siglos siguientes del Renacimiento. La Península Ibérica estaba dividida en tres grandes reinos: Castilla, Aragón y Portugal.

Por aquel entonces hacía ya casi un siglo que los Reyes Católicos, Isabel y Fernando, habían logrado la unidad de España con la toma de Granada, último reducto zaharí y Cristóbal Colón había descubierto un Nuevo Mundo. Más próximamente había tenido lugar la sublevación de los moriscos en las Alpujarras y se había vencido al turco en la batalla de Lepanto. Ha finalizado el concilio de Trento. Carlos V abdica, se retira y muere en el Monasterio de Yuste y Felipe II traslada su corte a Madrid. En el desastre de Alcazarquivir es vencido y muerto por los moros el rey don Sebastián de Portugal y Arias Montano acababa de publicar en Amberes la *Biblia Políglota*.

Han muerto Jorge de Montemayor, Rabelais, Camoens, Torcuato Tasso, Navarrete (*el Mudo*), Luis Morales (*el divino*), Juan de Herrera, Sánchez Coello, Martínez Montañés, Alonso Berruguete....

Pero nacen Bartolomé Leonardo de Argensola, Góngora, Tirso de Molina, Quevedo, Domenikos Teotocópoulos (*el Greco*), Pantoja de la Cruz, Francisco Bacon, Galileo Galilei, Gregorio Hernández, Velásquez, Zurbarán, Rubens, Kepler, Rivera, Descartes, Rembrandt, Carrero de Miranda, Schakespeare, Calderón de la Barca, Milton, San Pedro de Alcántara. Muere Felipe II y sube al trono Felipe III, quien traslada la corte a Valladolid.

Serradilla ha sido declarada **Villa Realenga**, eximiendo su dependencia de la jurisdicción de Plasencia, documento otorgado en 1557 por el Rey Felipe II, en **Carta Real.**

El hecho de que los conquistadores fueran extremeños y el primer Gobernador de las Indias Occidentales (1501-1509) fuera Nicolás Ovando, nacido en Brozas, (Cáceres), contribuyó en su reclutamiento de gentes, a que muchos extremeños se sintieran impulsados a probar fortuna en la nuevas tierras descubiertas. En esos dos siglos tomaron rumbo a América más de 225.000 españoles. Sólo de Extremadura hay censados unos 42.000 en las listas del Archivo de Indias de Sevilla. Sólo uno aparece de Serradilla. Un tal Pedro Izquierdo, labrador, hijo de Alonso Izquierdo y Catalina Hernández. Se embarcó en Sevilla y se instaló en Chile en 1554. Nunca más se supo de él. De los pueblos vecinos fueron muchos más los que siguieron la corriente novedosa de marchar a América.

Emigraron de Mirabel, Montehermoso, Talaván, Monroy, Plasencia, Navalmoral de Mata, Malpartida de Plasencia, Belvís de Monroy, Jaraicejo. Hinojal, Ahigal, Cañaveral, Cáceres, Badajoz, Sierra de Fuente, Montánchez y sobre todo, de Trujillo y Medellín, cuna natal de los dos más famosos conquistadores de América: Francisco Pizarro y Hernán Cortés.

Entre conquistadores, evangelizadores y colonizadores, procedentes de 248 pueblos de Extremadura pasaron a América y Filipinas durante los siglos XVI y XVII unos 50.000 extremeños.

UNA NACIÓN DE OCHO MILLONES

En aquella época España no contaba más de ocho millones de habitantes y el dominio español se extendía por toda Europa, América y Filipinas

España se quedó casi vacía de brazos jóvenes y no tan jóvenes. Marcharon casados y solteros, matrimonios enteros, tanto de corta como de longeva edad. Todos se ilusionaron con las riquezas y el oro del Nuevo Continente, ante la precariedad en que vivían en su tierra y con el señuelo de una riqueza fácil, (su particular *Eldorado)* o la esperanza de encontrar la fuente de la juventud.

Pero esta ola de modernidad no afectó para nada a Francisca de Oviedo. Permaneció en Serradilla, dedicada a continuar su misión benefactora de ayuda a los más menesterosos. Prefirió escalar la montaña de las bienaventuranzas, poniendo en práctica las enseñanzas del Maestro: *el amor al prójimo.* Para ella era más importante vivir de hecho las obras de misericordia, tanto corporales como espirituales, porque vivía una intensa vida espiritual, más importante que los bienes materiales, caducos y perecederos.

España se había empobrecido. Para colmo había tenido lugar la expulsión de judíos y moriscos, dueños de las finanzas y de la agricultura. Los judíos conversos habían ocupado los más altos cargos en la administración del estado, siendo una amenaza para la nobleza de los *cristianos viejos.* España se estaba desangrando por los cuatro costados. Las guerras que, tanto el emperador Carlos V, como su hijo Felipe II, mantuvieron en Europa para defender la unidad religiosa en sus amplios territorios, dedicaron muchos hombres en pie de guerra fuera de la península. No siempre llegaban las reservas de oro y plata de las tierras conquistadas, unas veces por el hundimiento de los barcos por tormentas y otros motivos de índole natural y otras, porque los piratas franceses como Juan Florín, holandeses, como Piet Heyn, y sobre todo ingleses, especialmente Jon Hawkins y Francis Drake, el protegido de la reina

Isabel I, se dedicaban a atacar las costas de *La Hispaniola*, Cartagena de Indias o Panamá. Otras veces aguardaban la llegada de los galeotes antes de desembarcar en la tierra firme de las costas de España, robando las riquezas que traían para la corona. En 1587 el corsario Drake hace una incursión fallida, en el mismo puerto de Cádiz, pero logró quemar 37 naves españolas.

Y no faltó otra tercera causa. Había que pagar a los *Tercios* españoles que demandaban su salario y a veces pasaban meses sin recibir la paga, porque no había dinero. En el Palacio Real hubo noches en que sólo hubo una docena de huevos para cenar. El descubrimiento de América fue una ruina para España, contra lo que se viene creyendo.

Es verdad que algunos volvieron enriquecidos, pero la mayoría quedaron al otro lado del charco y allá murieron tan pobres como cuando salieron de Sevilla. Pero también es cierto que algunos construyeron sus haciendas boyantes y se hicieron ricos en las encomiendas. De todas formas todos contribuyeron y dejaron sus tradiciones, costumbres, lengua y su religión católica desde La Florida hasta la Patagonia. Muchos se mezclaron con los nativos, de donde nació la raza *criolla* o *mestiza*.

Fue muy distinta la conquista española a la sajona cuyo lema principal era: *"el mejor indio es el indio muerto"*. España mezcló su sangre con los pueblos conquistados.

Esto no quiere decir que no hubiese errores y abusos, pero no tantos como la **Leyenda Negra** se encargó de divulgar para desprestigiar y denigrar a España. Baste consignar que el gran defensor de los indios, Fray Bartolomé de las Casas, relata que España masacró en la *Hispaniola*, - la Isla de Santo Domingo-, a más de tres millones de nativos, cuando por entonces sólo contaba con unos 300.000 habitantes. Claro signo de exageración. El mismo Fray Bartolomé, cuando al final de su vida, recibió una encomienda y comprobó que los caribeños demostraban su pereza en el trabajo, no dudó en emplear el látigo.

ESTAMENTOS SOCIALES

Las ideas surgidas en la Edad Media se conservaron durante los siglos siguientes del Renacimiento. Una de las características principales del Antiguo Régimen era la división de la sociedad en tres estamentos: el *clero*, la *nobleza* y el *tercer estado*.

Cada estamento se define por un común estilo de vida y análoga función social:

El Clero *reza* por todos.

La Nobleza *defiende* a todos.

Y el Tercer Estado *trabaja* para alimentar a todos.

Los primeros dos - *clero* y *nobleza* - constituyen grupos cerrados a los que se accede fundamentalmente por nacimiento. Bajo los primeros dos estamentos está el *Tercer Estado*, compuesto por el resto, que son la mayoría de la población.

Aunque los estamentos son cerrados y casi inmutables hay después algunos ennoblecimientos o entradas en el clero mediante méritos o compras de títulos. Los derechos de las personas no son iguales, sino exageradamente desproporcionados. Es decir, la nobleza y el clero se denominan *privilegiados*: No pagan impuestos. Son dueños de la tierra, acaparan los cargos públicos y tienen a gala no trabajar. Por el contrario el Tercer Estado es la clase trabajadora que paga fuertes impuestos, no son dueños de la tierra y son los que generan riquezas y sobre los que se asienta el Estado.

Dentro de esa clase trabajadora se distingue a la vez la burguesía y al campesinado. Dicho de otro modo, todos los estamentos se pueden separar de nuevo en otros grupos a causa de su heterogeneidad y su riqueza.

EL CLERO

El clero constituye el primer orden de la sociedad. Dentro de ellos existe un *alto* y *bajo* clero. Conservan muchos privilegios, leyes propias, derecho a administrarse justicia, excepción de impuestos. Al ser letrados ocupan cargos públicos, reciben donaciones de los reyes, de los nobles y del pueblo llano. Tienen un enorme patrimonio a causa de las donaciones que reciben de unos y otros. Además se encargan de la enseñanza. A menudo el clero es vinculado con la nobleza. Por ejemplo, los hijos segundones de los nobles ingresan en la iglesia en calidad de obispos. En los siglos XVI y XVII la iglesia fortalece el poder de los reyes por justificaciones religiosas. La religiosidad del pueblo era extensa y abundante. Se calcula que en el siglo XVII existían en España, entre seculares y regulares, unos 200.000 religiosos.

LA NOBLEZA

Aunque forma junto con el clero el 2% de la población posee, sin embargo, más del 70% de la tierra. En la Edad Media tienen en particular funciones militares, pero muchos han abandonado esta actividad en esta época. Como el clero, disfrutan de privilegios: la excepción de impuestos, el derecho a llevar espada, la administración de la justicia en sus tierras. A veces pueden decidir penas de muerte en sus dominios y ocupan cargos públicos en la Corte. Se puede llegar a este estamento por dos vías: Por nacimiento (*nobleza de sangre*) o por ser ennoblecido por el rey para ocupar servicios (*nobleza de servicio*).

Luego hay distintos tipos de nobles. Una alta nobleza o aristocracia (Grandes de España, Duques, Condes, Marqueses, Caballeros de Órdenes Militares) y una nobleza de hidalgos, unos ricos y otros pobres. Por ejemplo, un miembro de la baja nobleza puede considerarse Don Quijote de la Mancha, el bueno de Quijada o Quesada.

EL TERCER ESTADO

Aunque forma la gran mayoría no son privilegiados y tienen que pagar fuertes impuestos al Rey. Pero entre sus miembros hay diferencias sociales según vivan en la ciudad o en el campo.

Los habitantes, los burgueses y artesanos, - no los nobles - son los que habitan y controlan las ciudades. La burguesía tiene el poder político urbano y constituye el grupo social más potente en el ámbito económico, (*finanzas, comercio, manufacturas*).

Y dentro de la burguesía existen tres distintas formas: *la alta* (grandes banqueros, ricos comerciantes), *la media* (médicos, abogados) y *la baja* burguesía, dueños de pequeños negocios. El objetivo de un burgués es su cambio al estamento noble. Se podía lograrlo por servicios al rey, por compra de títulos o matrimonios con miembros de la nobleza arruinada. A pesar de todo también existen las masas populares, artesanos o menestrales que ejercían un oficio y solían agruparse en *gremios*. Otros asalariados viven en la ciudad y dependen de la burguesía.

La clase más ínfima estaba representada por los mendigos, vagabundos, pícaros, maleantes, buhoneros, titiriteros, rufianes, bandidos, etc. Esta clase ínfima está reflejada ampliamente en la novela picaresca, como *El Lazarillo de Tormes, El Buscón, Guzmán de Alfarache, Estebanillo González* o *La Pícara Justina*.

Entre un 85 y un 90% de la población vive en el campo. En general toda la sociedad del Antiguo Régimen se dedica a la agricultura. La minoría posee tierras propias. La mayoría trabaja las tierras del clero o de la nobleza y recibe a cambio una renta. Hay también jornaleros que trabajan a cambio de un jornal pequeño o pago por día para sobrevivir. Además los campesinos tienen que pagar el diezmo a la iglesia, el 10 % de la cosecha y otros impuestos sobre diversos productos al Rey o a los nobles. En caso de malas cosechas muchos campesinos mueren de hambre. En la Península sólo vivían bien los nobles.

Es importante tener esto en cuenta a la hora de valorar las gestiones de la Beata ante los poderosos y la contribución de estos, tanto en las cortapisas, como en los favores que Francisca de Oviedo y el Convento recibirían después.

NOBLEZA DE ESPIRITU

Francisca de Oviedo pertenecía a la clase baja de la sociedad. No tenía nada. Unos pocos enseres como la gente humilde. Vivió bajo el amparo de parientes en Trujillo y Serradilla. Eso sí, poseía la gran riqueza de un corazón magnánimo, una firmeza de carácter inquebrantable y una fe sin fisuras en la Providencia de Dios.

Su aspiración era ayudar a los más pobres y desheredados de la fortuna, consolando a los tristes en sus desgracias y tribulaciones con toda clase de obras de piedad y beneficencia. No había necesidad que ella no remediara, desgracia que no atendiera, ni dolor alguno que ella no tratara de mitigar en la medida de sus posibilidades y de sus fuerzas. Asistía a los enfermos, visitaba a los pobres, amortajaba a los muertos, socorría a los atribulados y era bálsamo de consuelo en todas las necesidades. Modelo de perfección de caridad cristiana para todas las personas por humildes y abandonadas que fueren. Aunque de bajo estamento social poseía en cambio la mayor nobleza: *la nobleza del espíritu.*

Vista de Serradilla desde la sierra de Santa Catalina.
Casetina de San Pedro de Alcántara.

FUERTE IMPACTO

Un hecho fortuito impactó tan fuertemente en su alma que significó un giro definitivo en su vida, según narra el Padre Eugenio Cantera, de la Orden de Agustinos Recoletos, a quien principalmente seguimos en todo este trabajo:

"Cierto día ocurría una cosa que produjo penosa impresión en su alma. Avisaron a Francisca que se estaba muriendo una buena mujer llamada Catalina Alonso. Voló allá la sierva de Dios en alas de su celo y ayudó a la enferma a bien morir. Mas al amortajarla, presentose ante sus ojos un espectáculo que le traspasó el corazón. Yacía el cadáver sobre una pobre estera. Único lecho que había utilizado la enferma, y tenía su cuerpo tan pegado a su espalda, que no fue posible desprenderla de la estera sin que se desgarrara la piel, apareciendo entonces el cuerpo completamente llagado y lleno de gusanos.

Francisca, transida de pena ante aquel cuadro desgarrador y dispuesta a que no se repitiera de nuevo, concibió la idea de fundar un hospital donde pudiesen los enfermos ser atendidos y cuidados debidamente." [3]

Pero la Beata no tenía recursos materiales para tamaña empresa. La idea necesitaba mucho dinero por lo que parecía empresa irrealizable. Sólo su enorme fe y confianza en Dios la impulsó a poner por obra su idea.

En Serradilla no era posible allegar tantos recursos. Por lo que, ni corta ni perezosa, con resolución heroica y atrevida, determinó marchar a Madrid para pedir limosnas a las personas linajudas y pudientes. A nobles y a clérigos acudiría principalmente Francisca para conseguir su objetivo.

---

[3] Historia del Santísimo Cristo de la Victoria que se venera en la villa de Serradilla (Cáceres) escrita por el R. P. Eugenio Cantera, de la Orden de Agustinos Recoletos, tipografía de "Santa Rita" Monachil (Granada) año 1922, página 11. Reeditado y aumentado en Plasencia por Gráficas Sandoval en diciembre de 1993 en su sexta edición.

Sin conocer a nadie, vagó sin rumbo fijo por calles y plazas de la recién estrenada capital del Reino. A la Toledo Imperial siguió Madrid y luego fue sustituida por Valladolid - la ciudad del Pisuerga - por breve tiempo - y volvió a Madrid en 1661. Alrededor de la fortaleza militar *Madrit*, - que en árabe significa *"Buenos Aires"* – iba a asentarse definitivamente la capital de España, con los *"buenos aires"* de la sierra del Guadarrama.

No sin haberse discutido antes la posibilidad de que la capitalidad de España debería mejor estar a orillas del mar. Y se pensó en Lisboa. Pero prevaleció la opinión del Monarca más poderoso de la tierra en cuyos dominios nunca se ponía el sol. Grave error de Felipe II, porque aparte de haber dado salida al océano en un momento en que la navegación cobraba una importancia singular, hubiera evitado la separación de esa parte de España. Y Madrid, en el centro de la península ibérica quedó proclamada definitivamente la Capital del Reino. Sólo unas pocas casas circundaban entonces al *"castro"* árabe en el promontorio hoy ocupado por el Palacio Real.

MADRID, CENTRO CULTURAL

El siglo XVII es, sin duda, para España, el siglo de las letras, las ciencias y las artes. El **Derecho**, que había nacido en Roma, se universaliza con el *"Derecho de Gentes"*, y adquiere un notable desarrollo. Y en las artes plásticas, la pintura y la escultura, suceden a la grandiosidad y belleza arquitectónicas y adquieren niveles jamás superados.

Madrid iniciaba su andadura con 15.000 habitantes. La mayor parte noble y pudiente o gente arrimada a palacio como hidalgos e hijosdalgos venidos a menos y pícaros especialistas en las más variadas artes del hurto y del engaño. Pero en ese pequeño núcleo urbano se desarrollaría una labor ingente para las Artes, las Ciencias y las Letras Españolas.

En el *Barrio de las Huertas*, en un reducido espacio de la calle *Cantarranas*,- hoy Lope de Vega - junto al arroyo que regaba los huertos, vivieron simultáneamente tres monstruos o genios inmortales de nuestra lengua española: Miguel de Cervantes Saavedra, Lope de Vega y Carpio y Luís de Góngora y Argote.

Los tres vivían a pocos pasos en la misma calle de tal manera que podían observarse sin dificultad, pese a las rivalidades de la profesión. Tres autores que ellos solos podían haber hecho un Siglo de Oro Español de las Letras. Caso único en el mundo. Y posiblemente, irrepetible. Claro que florecieron otros importantes autores en el reducido recinto de la nueva capital de España: Francisco de Quevedo y Villegas, don Pedro Calderón de la Barca y Juan Pérez de Montalbán. Y otros muchos más. [4]

No solo el cultivo de las letras floreció en esa Edad de Oro, sino también la Arquitectura, la Pintura, la Escultura, la Imprenta, etc.

A Madrid acudió también nuestra BEATA para recabar fondos para la construcción de su hospital en Serradilla.

---

[4] Véase: **"Cien escritores del Siglo de Oro"** por José Simón Díaz. Instituto de Estudios Madrileños, 1975.

¿Qué significaba para aquellos encumbrados nobles, clérigos y cortesanos una pobre mujer sencilla de pueblo? Nada. No era más que una simple mujer pueblerina de 44 años. Pero una mujer llena de coraje y audacia heroica que se siente protegida por el cielo, capaz de sostener la batalla más dura contra los elementos más hostiles.

HECHO EXSECRABLE

Corría el año 1632. Año en que Madrid entero se conmovió y organizó una procesión del **Santo Cristo de la Paciencia** en desagravio por la horrible profanación llevada a cabo por unos judíos. Hecho repugnante de impiedad que sacudió los sentimientos religiosos del pueblo madrileño. Este hecho repugnante quedó registrado en los anales de la villa.

Se cuenta que había en Madrid, como en tantas capitales y pueblos españoles, una *judería*. En la calle **Las Infantas** vivían unos judíos, fugitivos de Portugal, que regentaban una *mercería* con la que disimulaban su falsa conversión. Eran conversos por conveniencia, no por convicción, porque en el fondo y en secreto, continuaban practicando sus más firmes creencias religiosas judaicas. Aquí quedaron para conservar y aumentar sus negocios financieros y escaparon a la expulsión, como otros muchos que sólo pensaban en lo material.

Y una familia compuesta por cinco personas, padre, madre, dos hijas mayores y un niño de seis años tenían en la tienda un Santo Cristo de madera, bajo elegante dosel. Su diversión era llenarle de insultos todos los días. No contento con esto, dos días a la semana, miércoles y viernes, se unían otros 14 o 15 hombres más, descolgaban al Santo Cristo y armándose de gruesos cordeles, correas y varas espinosas, le azotaban a porfía. Por último le pateaban con el mayor furor. Otras veces, para variar, lo arrastraban con sogas por toda la casa, dirigiéndole cuantos baldones e improperios les sugería su odio.

Y sigue la narración:
"Un día, mientras los judíos azotaban a la imagen, oyeron que les decía:
"¿Que mal os he hecho para que me tratéis con tanta crueldad?"
A lo que uno de ellos respondió enfurecido:
"¡De poco te quejas! ¡No hemos hecho más que empezar!".

Y siguieron escarneciéndola .y azotándola con más furia.

Otro día, la imagen del Santo Cristo arrojó tanta sangre por los poros de su cuerpo que inundó el suelo, sin que esta segunda maravilla hiciese en aquellos endurecidos corazones más impresión que la primera. No obstante, espantados al verse salpicados de aquella sangre en la cara, por temor de ser descubiertos, resolvieron deshacerse de la imagen.

Hubo consejo entre los componentes del sacrilegio y disparidad de opiniones de cómo resolver el caso. Alguien propuso deshacerse de la imagen enterrándola en el campo. Otros que en el sótano de la casa. No había acuerdo, hasta que por fin, prevaleció, como la más segura solución, arrojarla al fuego. Para ello encendieron un gran brasero con carbón de encina. Y cuando los brasas enrojecieron y llegaron a su máximo grado de calor, echaron en él la sagrada imagen.

Todo fue inútil, porque el fuego ni la tiznó en lo más mínimo. En vista de ello, resolvieron hacerla pedazos para que, perdiendo la figura de Cristo, el fuego la devorase. Así lo hicieron. Cortaron con una cuchilla la cabeza, brazos y piernas del Crucificado y hecha astillas también la cruz, arrojaron todo al fuego. Éste, en efecto, en breve tiempo, la redujo a cenizas.

Pero tan infame desacato fue poco después descubierto y detenidos y condenados sus culpables.

Se dice que *"en boca del niño está la verdad"*. Y un niño, hijo de aquellos profanadores, justificó la falta de su asistencia a la escuela confesando al maestro el motivo de su ausencia y manifestó algunos detalles de la profanación sacrílega. Con estos datos el maestro presentó denuncia ante el Tribunal de la Inquisición. Los agentes del Tribunal, tomada las precauciones oportunas, sorprendieron un día *"in fraganti"* a los sacrílegos. Se instruyó el proceso y el auto tuvo lugar ante todo el pueblo madrileño que abarrotaba la Plaza Mayor. Fue el más célebre y ruidoso de los procesos celebrados en Madrid durante el reinado de Felipe IV, el domingo 4 de julio de 1632.

El inmueble era propiedad del clérigo Baquero, totalmente ignorante de cuanto allí se realizaba. El Tribunal ordenó derribarlo, previa compensación a su dueño. Nobles caballeros pidieron al Rey que en aquel solar se alzase una iglesia consagrada a Cristo Crucificado. Años más tarde los propios reyes levantaron un monasterio capuchino consagrado al santo **Cristo de la Paciencia**.

Madrid entero se horrorizó al tener conocimiento de aquella brutal profanación a su Dios y acudió a los templos para pedirle perdón y desagraviar tan gran desacato. Varias iglesias celebraron actos de reparación y desagravios con gran confluencia de público, como la **Capilla Real**, el **Convento de la Encarnación** y finalmente la parroquia de **San Ginés**.

Toda la gente se echó a la calle en reparación de aquel abominable atropello. Francisca asiste a este acto de reparación y contempla en este acto de la parroquia de San Ginés una imagen que le impresiona gratamente. Se trataba de una imagen del Santísimo Cristo que allí iba y que se veneraba en la iglesia de Nuestra Señora de Atocha.

Según la tradición este Cristo había sido tallado por un santo religioso conforme a una visión que él tuvo. En esa visión el Salvador se le apareció en pie, con la cruz en las manos, la muerte y la serpiente a sus pies, todo llagado y escarnecido, derramando sangre por todas las heridas de su cuerpo y diciéndole estas palabras:

¿Qué más puedo hacer yo por los hombres?

Francisca de Oviedo, movida en su interior por la luz de lo alto y poseída de una intensa devoción por aquel Cristo de Atocha que terminaba de contemplar, determinó en su mente sacar una copia de aquel Cristo para ponerlo en el hospital que intentaba fundar en Serradilla. Y sin más dilación, como se hace en las cosas de Dios, decide buscar un escultor que le haga una imagen parecida a la que ha contemplado.

Pregunta quienes son los escultores más destacados y le informan de alguno de ellos. Y no tiene más resolución que ir a buscar y entrevistarse con uno de los más famosos escultores de Madrid. Era Domingo de Rioja, imaginero de la Corte.

Y sin encomendarse al Diablo, pero sí a Dios, al día siguiente por la mañana temprano llama a la puerta del estudio del artista. Ya estaba el imaginero, gubia en mano, cincelando trabajos, encargados previamente. En su no demasiado amplio espacio se amontonaban figuras de personalidades destacadas de la Corte, bustos de mujeres famosas, cariátides en fila, una Virgen de la Soledad, leones que sostendrían las mesas del cuarto del Rey, bocetos y dibujos de mujeres, un Crucifijo y una estatua de San Pedro, un Niño Jesús y varios grandes troncos de leños de distintas clases de madera.

Por medio de toda esta mezcolanza abigarrada de desorden atraviesa la Beata hasta llegar a saludar y estrechar la mano del artista con sumo respeto. La impresión que recibe el artista es negativa y la respuesta de éste es seca. No le causa ninguna confianza aquella mujer que por su aspecto externo de pobreza, con sus largos atuendos de Terciaria Franciscana, no podrá encargarle ninguna obra bien remunerada. Y menos mal que no le pidió que se la hiciera de balde, porque si no la hubiera despedido enfadado. Los negocios son los negocios y el artista vivía de su trabajo y tenía que alimentar a los suyos.

La Beata expone su idea:

"Quiero que su merced me haga a la mayor brevedad posible un Cristo como el de la iglesia de Nuestra Señora de Atocha que salió ayer en procesión".

El escultor no necesitó más explicaciones. Conocía bien la estatua a la que acaba de referirse Francisca. Él también había estado en el acto de reparación el día anterior y se había detenido reparando detalles muchas veces de esa misma imagen contemplada en la parroquia de Atocha. Pero la desconfianza que le inspira aquella mujer predomina en su ánimo. Por su aspecto exterior aquella mujer de pueblo no tiene aspecto de tener dinero para sufragar una imagen. Y no le dice que sí ni que no. Simplemente da largas al asunto, esperando que aquella mujer de pueblo desista de su demanda y le deje en paz. Lo mejor es disimular su negativa.

"Ahora no va a poder ser. Ya ve usted, tengo mucho trabajo de gente muy principal. Y no puedo abandonar todo esto para atender a su petición Y encima usted viene con prisas. Esto no trabaja como usted cree. Esto requiere tiempo y mucha meditación".

Con estas palabras despide a la Beata después de haberla dado un precio altísimo para que, al asustarse, no siguiera importunándole. Se equivocó el artista. Porque detrás de aquella apariencia de una pobre y sencilla mujer de pueblo había una voluntad inquebrantable y una constancia sin límites.

Algo, sin embargo, debió intuir el artista en esa primera entrevista con Francisca de Oviedo. Y fue la determinación firme de obtener su asentimiento, porque insiste en que lo quiere lo más pronto posible. Y el convencimiento de que conseguiría el dinero preciso para satisfacer sus exigencias financieras

Francisca todavía no había recaudado ni cincuenta maravedíes. Pero confiaba en conseguir el precio requerido. Tanta era su fe que no desistiría hasta conseguirlo. La fe mueve montañas. Pero no correspondió el interés del Maestro a las ansias de Francisca de Oviedo por ver iniciada su imagen. En su interior creía el escultor que aquella mujer, en apariencia tan pobre y humilde, no tendría recursos para sufragar los gastos de la proyectada escultura. De ahí su dejadez y tardanza. Y seguía dando largas al negocio con la idea que Francisca desistiera de su empeño. Lo intuyó aquella mujer pobre y para obligar con más eficacia al Maestro dijo:

"Por dinero no deje usted de hacer la obra. Estoy dispuesta a darle más, si más me pide".

Cada día se presentaba la Beata en el taller de Domingo de Rioja. Y cada día el imaginero iba sintiendo más antipatía por aquella mujer, que no quería entender la falta de ganas de complacerla. Hasta le resultaba inoportuna y pelmaza inaguantable, pero incapaz de quitársela de encima. Pero también iba calando en el artista la admiración por la bondad de corazón, la dulzura y educación esmerada de aquella sencilla mujer. Tal fue la insistencia y el fervor de Francisca de Oviedo, que un día le rogó al Maestro le señalara el leño donde había de esculpir su Cristo, siquiera para su consuelo. En esos momentos ya se había dado un cambio en la actitud negativa del escultor, debido a la humildad, la sencillez y fe de la Beata. Por fin, Domingo de Rioja, por consolarla, y ablandado en su cristiano sentimiento y accediendo a la petición de Francisca, le señaló un gran troco de leño. Desde entonces la beata no quería apartarse de aquel madero que había indicado el escultor. Día tras día llegaba la mujer para verificar si había dado comienzo a su trabajo.

OBRA MAESTRA

Ya fuera por interés, o bien porque le convenció la firmeza y devoción que le inspiraba la BEATA, el caso es que Domingo de Rioja, se puso por fin a iniciar su trabajo, no sin antes meditar y rezar para que Dios le inspirase, costumbre frecuente en los artistas religiosos de aquella época. Ello supuso un gran alivio para Francisca. Había doblegado la voluntad reticente inicial del imaginero. Esto ocurría sobre el año 1635.

Sin duda alguna, movido del cielo, el escultor puso tanto primor e inspiración en conseguir una obra maestra que, según cuentan, al terminarla dijo admirado:

"¡Esta obra no es mía, sino de Dios!".

El mismo autor, maravillado y sorprendido de la perfección de su obra, aún continuó:

"Y se conocerá el que por esta santa imagen su Divina Majestad ha de obrar muchos milagros".

No se equivocó Domingo de Rioja y se convirtió en profeta, porque pronto comenzaron a producirse favores singulares a los fieles por medio de esta imagen, sin ni siquiera haber salido de Madrid.

Francisca de Oviedo había conseguido reunir el precio que le había requerido el escultor. Pidiendo a unos y a otros, sin desmayos y con una gran confianza en Dios, doblegó voluntades y recaudó el dinero para pagar a Domingo de Rioja. Es un enigma el precio que pagó por la escultura, porque no se ha encontrado documento que lo registre.

La Beata, eufórica, no cabía en sí de gozo, al contemplar ya terminada la imagen que había conseguido Domingo de Rioja y que superaba el modelo original. Y deseando que los madrileños reverenciasen a su Señor, pidió se colocara la efigie en la parroquia de San Ginés, con cuyo párroco, don José de Argáez, había sincronizado tan perfectamente en sus ideales de caridad y defensa de los más pobres.

Pronto los feligreses de esta parroquia apreciaron el valor artístico y devocional de aquella singular imagen y el fervor se extendió por todo Madrid. Los fieles se agolpaban a visitar la nueva imagen de Domingo de Rioja en la parroquia de San Ginés. Todos a porfía admiraban la perfección de la estatua y la devoción que inspiraba en sus corazones por la impresión de su mirada y la exactitud anatómica de su cuerpo lacerado.

En el camarín ante la imagen, antes de la bajada. Año 1970.

DESCRIPCIÓN DE LA IMAGEN

Precisa y detallada es la descripción que hace de la imagen el Padre Eugenio Cantera en su **Historia del Santísimo Cristo de la Victoria:**

"Es una talla primorosa de madera que propios y extraños admiran y celebran como obra maestra de inspiración religiosa, que se distingue de las otras. En ella no está nuestro divino Redentor crucificado, como es costumbre representarle en su Pasión, sino que permanece en pie. Con el brazo y mano izquierda rodea y sujeta amorosamente la cruz, como el trofeo de su victoria universal; su mano derecha está señalando el corazón que suavemente oprime, queriendo significar que fue el amor, el amor a los hombres, quien le obligó a abrazarse con la cruz y con la muerte. Su rostro tiene una expresión infinita de angustia y de dolor, como no hemos visto otro alguno. Aparece todo ensangrentado: frente, mejilla y barba; pero el artista de tal manera modeló ese rostro divino, con tal colorido y expresión, que la carne parece carne viva; la sangre, sonrosada y fresca, como si acabara de brotar de su sagrado cuerpo.

La corona de espinas de tal modo penetra en su cabeza que por todas partes brotan hilos de sangre que se mezclan y confunden entre sí, desfigurando aquella faz sacratísima hasta el punto de no parecer figura de hombre, según nos lo pintó Isaías, el profeta de la Pasión del Salvador. Sus ojos no son claros y brillantes; están velados por la sangre y oscurecidos por las lágrimas; no miran al cielo, sino al pueblo, indicando que por nosotros pecadores sufrió tantos dolores y amarguras. Muestra sus labios acardenalados por la proximidad de la muerte, labios divinos que acaban de pronunciar palabras de perdón para los deicidas. El costado abierto por la lanza, mana un río de sangre que revela la profundidad de la llaga; sus espaldas y piernas están llenas de heridas y sangre producida a fuerza de golpes que han desgarrado sin piedad las carnes; todo el cuerpo de Jesús está llagado y dolorido, moviendo a compasión a cuantos le contemplan. Es imposible mirar esa imagen divina, imagen del dolor, sin sentirse conmovido hasta lo más íntimo del corazón; aquella expresión de sufrimiento refleja algo más que el dolor de un hombre, el dolor de un Dios que se ofrece en holocausto por la salud del género humano.

El pie izquierdo del Santo Cristo descansa sobre una calavera, y su cruz sobre la cabeza de la serpiente infernal, cuya cabeza aplasta; lo cual significa el triunfo de Jesucristo sobre el demonio y la muerte, abriéndonos las puertas del cielo, cerradas por la culpa. Esta es la razón de su título, la causa de ser denominado y conocido con la advocación del Cristo de la Victoria.

Antes toda la cruz estaba adornada de infinidad de joyas, pendientes y adornos que la piedad de los fieles iban depositando en acción de gracias recibidas del Cristo. Por precaución ante la ola de robos, ha sido prudente retirarlos de la cruz.

Hoy sólo pende en el crucero de la cruz el escudo de plata y piedras preciosas, regalo del Rey Felipe IV, en recuerdo de su estancia en la Capilla Real de Madrid.

En 1970, con motivo de la salida en procesión de la imagen, el periodista del diario YA, don Lucas González Herrero, escribió:

"La sagrada imagen – talla soberbia – obra genial del arte, ofrece la particularidad de estar de pie, llevándose la mano derecha al corazón, en signo de inmenso amor, mientras con la izquierda abraza al leño redentor, que cae aplastándola y conculcándola, sobre la cabeza de la serpiente, a la vez que el pie izquierdo descansa sobre una calavera, símbolo del triunfo de la Victoria - por amor- sobre el demonio y la muerte. De ahí su denominación del Cristo de la Victoria".[5]

Y un serradillano ilustre y enamorado de su pueblo, don Agustín Sánchez Rodrigo, describe así la imagen del Cristo:

"Y no es de extrañar que el Cristo de la Victoria despierte siempre tan inusitada devoción. Todo el que contempla esta imagen se siente conmovido hasta lo más íntimo de su alma; al ver aquella sublime expresión de sufrimiento. Sus ojos, velados por la sangre y las lágrimas, reflejan no el dolor

---

[5]   Lucas Hernández Herrero: **El Cristo de Serradilla**. Artículo aparecido en el diario YA de Madrid, correspondiente al dia 15 de mayo de 1970.

de un hombre, sino el dolor de un Dios que se ofrece en sacrificio por el género humano" [6]

Liberato Alonso, que ganó el concurso del Himno al Cristo de la Victoria, bajo el lema *"Un entusiasta"* el 23 de septiembre de 1923, comienza así la primera estrofa:

> Flagelado tu cuerpo divino
> y sangrando tus sienes benditas,
> en Tu faz se retrata y palpita
> un inmenso tesoro de amor.
> Abrazado a la Cruz nos lo envías,
> socorriendo con pródiga mano
> por igual al que joven o anciano
> ante Tí se postró con fervor.

---

[6]   Agustín Sánchez Rodrigo: **Apuntes para la historia de Serradilla**. Editorial Sánchez Rodrigo. Serradilla (Cáceres), 1930

EL CRISTO EN EL PALACIO REAL

La popularidad creció tanto que las alabanzas llegaron hasta el mismo Palacio. Y el Rey Felipe IV, tan disoluto y abandonado de los asuntos del reino en su valido el Conde-Duque de Olivares, pero curioso por conocer la imagen que tanto ponderaban sus vasallos, pidió que llevaran la famosa imagen a Palacio. Y así se hizo. En la Capilla del Palacio Real de Madrid quedó expuesta la sagrada imagen y venerada con gran júbilo y devoción tanto por el Rey como por toda su Corte.

Comenzaron a atribuir a aquella imagen favores especiales y la fama de sus milagros trastocó los planes de Francisca de Oviedo. La Beata empezó a preocuparse.

Corrían rumores de que algunos pretendían que esa imagen se quedara en Madrid. La Corte no podía dejar escapar de la capital una obra tan popular y famosa. Había que despojar a la Beata de su intento de llevárselo a un pueblo desconocido de Extremadura. Mejor es que quedara en la Capital del Reino. El gozo de Francisca se convirtió en preocupación y desasosiego. Porque sospechaba que los poderosos y encumbrados de la Corte y el fervor fanático de los piadosos madrileños conseguirían desbaratar sus sueños. Fueron momentos de honda preocupación. También de intensa y fervorosa oración para que estos rumores y planes secretos no se confirmasen.

Pero llegó el momento en que los rumores y los planes no fueron tan secretos. Abiertamente la noticia se hizo cierta. Eran muchos los empeñados en despojar a Francisca de Oviedo de la imagen del Cristo de la Victoria para quedarlo para siempre en Madrid. A cualquier precio y usando todas la artimañas persuasivas o torticeras para conseguirlo.

¿Qué podía hacer una pobre y sencilla mujer de pueblo ante la fuerza de los poderosos de la Corte y la sublevación de las masas enfervorizadas de los fieles madrileños?

Parece que el abatimiento postró a la Beata en una profunda crisis de ansiedad, y pasó por momentos de verdadera angustia, que le costó no pocas lágrimas derramadas en soledad. Pero su fe y fuerza de voluntad para llevar a cabo su propósito, se alzó sobre la dificultad y encorajinó a aquella recia mujer incansable, que nunca claudicó ante la adversidad.

UN NOBLE AYUDA A LA BEATA

Pensando y repensando mucho se acordó de un señor que le había ofrecido dinero para la imagen del Cristo, a quien había conocido siendo Gobernador del Obispado de Plasencia y conocía su celo y virtud. Ahora era Presidente del Consejo Real de Castilla. Su nombre: don Diego de Castrejón. A él acudió Francisca de Oviedo, quien escuchó y valoró las razones de la sierva de Dios y puso toda su autoridad para conseguir que Francisca recuperase su tesoro. Y don Diego, por su inmensa influencia consiguió la benevolencia del Rey para concederle permiso de retirar la imagen de Capilla Real. Pero antes de ello, el Rey Felipe IV, agradecido por la presencia beneficiosa de aquella bendita imagen, puso en el crucero de la cruz un precioso escudo de plata de ley con piedras preciosas, en agradecimiento por la gracias y favores que generosamente había otorgado esta imagen durante su estancia en Palacio. Ese escudo real todavía hoy permanece en su sitio, como trofeo de amor y gratitud.

Como la Beata no tenía casa propia en Madrid, don Diego Castrejón se ofreció a llevar la imagen a su casa. Y en casa del Presidente del Consejo Real de Castilla quedó depositada la imagen del Cristo de la Victoria hasta que llegara el momento de poder ser trasladada a Serradilla.

Se había salvado un grave y dificilísimo escollo. La imagen había regresado a poder de su dueña y ahora estaba segura en casa de don Diego de Castrejón. Esto supuso un gran alivio para la Beata que vio claramente que Dios guiaba sus pasos y reforzaba su fe y confianza en la Providencia Divina. Las dificultades las pone Dios para probar la fe de sus elegidos y para que salga fortalecida la confianza en su Divina Providencia.

EL CRISTO DE LA VICTORIA
EN PLASENCIA

Sólo quedaba realizar el plan de llevar el Cristo de la Victoria a Serradilla y no quiso demorarse. Activó cuanto pudo y empleó todos los medios a su alcance para realizarlo. El camino era largo y los medios dificultosos. Había que hacer muchas paradas, porque el andar de las carretas de bueyes era cansino y lento. Eran caminos o pedregosos o polvorientos. Así fueron transcurriendo días y más días, con paradas por las noches en mesones y ventas. Durante el camino a la Beata le dio la corazonada de su tierra de origen y determinó que, tras las monótonas etapas del viaje, fuese Plasencia la parada más larga y allí expondría la imagen. Así los paisanos de su ciudad de nacimiento podrían admirar y contemplar su Cristo, a la vez que daría tiempo para gestionar las obras del hospital. Desde Plasencia después sería trasladado a Serradilla, etapa final de su proyecto para que presidiera su soñado hospital en ciernes.

. No pasó por la imaginación de Francisca que en Plasencia pudiese pasar algo semejante o aún peor de lo que había ocurrido en Madrid. En julio de 1639, nueve años después de su primer viaje a Madrid, llegó la imagen del Cristo de la Victoria a la ciudad del Jerte. El Obispo de Plasencia, don Plácido Pacheco de Haro, de la orden benedictina, autorizó a Francisca de Oviedo, exponer la imagen del Santo Cristo de la Victoria a la contemplación del pueblo en la parroquia de San Martín, iglesia situada no lejos de la Plaza Mayor y considerada la iglesia más antigua de la ciudad. No sospechaba Francisca que sería tan desbordante el entusiasmo del pueblo placentino, como lo había sido el madrileño. Pronto acudieron a esta iglesia los habitantes de la ciudad para contemplar aquella obra sublime de arte y religión quedando todos impresionados por las características peculiares de su expresión humana y divina. Y comenzó a crecer su fama, como imagen milagrosa ante los favores especiales que comenzaron a divulgarse.

Entre ellos se cuenta la de un ciego, conocido en la ciudad como tal, que al implorar la protección ante esta venerada imagen, recobró las vista al completo. Esto enfervorizó a las masas, porque el ciego era harto conocido en la ciudad y cual otro Bartimeo del evangelio, no dejaba de publicar a todos el inmenso favor recibido.

Otro caso no menos socorrido, conservado todavía entre los habitantes de Plasencia, tuvo una gran repercusión entre la población. Con motivo de una fiesta de toros en la Plaza Mayor, un pobre hombre fue alcanzado por el asta del toro y recibió tan terrible cornada que le desgarró el vientre, quedando con los intestinos fuera. El mismo recogió con su sombrero sus propias tripas y corrió al vecino templo de San Martín, implorando a grandes voces al Santo Cristo de la Victoria auxilio y favor. Su petición fue favorecida porque el hombre quedó al instante sano.

Estos dos prodigios tuvieron gran resonancia en la ciudad y de tal manera acrecentó la devoción de los placentinos a la imagen del Santísimo Cristo de la Victoria, que decidieron no permitir a Francisca de Oviedo sacar de su ciudad aquella joya de devoción popular. La escultura del Cristo de la Victoria debía quedarse en Plasencia, Capital de la Diócesis y había que obstaculizar su traslado a Serradilla. Se estaba repitiendo lo mismo que había sucedido en Madrid.

Trataron de persuadir a Francisca que dejase en su ciudad natal aquella preciosa alhaja. Incluso la ofrecieron mucho dinero para la construcción de su hospital en Serradilla. Pero la decisión de la Beata era firme e irrevocable. Esa imagen estaba destinada a Serradilla para presidir su hospital y nada ni nadie cambiaría su voluntad.

Los placentinos se obstinaron tanto en su empeño que el traslado no fue posible por entonces. Hubo conatos de alteración del orden público, por lo que se detuvo cualquier intento de mover de San Martín la imagen del Santo Cristo de la Victoria. Ni el obispo Pacheco pudo hacer nada por solucionarlo ante la avalancha de peticiones en contra y las amenazas contra su persona si lo consentía. Y por miedo a una revuelta ciudadana, todo quedó en aguas de borrajas. El traslado se suspendía *"sine die"* y la imagen seguiría retenida en Plasencia.

VUELTA A MADRID

Con esta nueva contradicción no contaba la Beata. Dios seguía poniendo obstáculos y dificultades para probar su firmeza y constancia. Pero nada desanimaba a una mujer de temple tan recio y heroico. Su figura se agigantaba ante las dificultades. Con una fe sin límites Francisca de Oviedo regresa por segunda vez a Madrid para dar cuenta de lo que ocurría en Plasencia con su Cristo y recurrió al Consejo Supremo. Esta vez todo fue inútil y sus diligencias resultaron fallidas. Pateó calles y avenidas. Ya no estaba don Diego de Castrejón en Madrid. En resumen. A todos cuantos recurrió nadie la hizo caso. Pero su voluntad no se doblegaba ante los contratiempos. Seguía buscando solución a las dificultades que ponían los hombres. Ponía la solución en manos de Dios.

¿A quién no acudió la Beata en Madrid? Ante la negativa de un personaje encumbrado, dirigía sus pasos a otro no menos importante. Su voluntad de hierro y su fe ciega en la Providencia la impedía desistir.

Hasta se presentó también ante el Oidor del Consejo Real de Castilla don Diego de Arce y Reinoso, esperando que este personaje influyente pudiera hacer algo para que la devolviese su imagen. Éste le respondió:

¿*Cómo quiere que yo haga esto, ni que poder tengo yo para hacerle volver el Santo Cristo? Eso corresponde únicamente al obispo de Plasencia".*

"*Pero es que el obispo de Plasencia tiene las manos atadas por la presión que ejercen los placentinos sobre él"* -respondió la beata-.

"*Pues el obispo de Plasencia es el único que tiene potestad para hacerlo, no yo ni nadie más"* - aclaró el señor de Arce y Reinoso -.

Ante la insistencia tozuda de aquella mujer el Señor Oidor repitió con cara destemplada, enfatizando esta frase:

"¿No ve usted que no puede ser? Usted insiste e insiste donde no puede conseguir nada. Si continúa así me va a obligar a decir que usted está loca.

"Pues estaré loca" – contestó Francisca –

Esto le confirmó más en su opinión al Señor Oidor, que respondió entre risas:

"¿No ve? Lo que yo digo. Usted está loca, loca, loca. Pero loca de remate".

Lo admitió Francisca de Oviedo, pero siguió en sus trece:

"Loca o no loca, - respondió La Beata - *deme su Señoría palabra de honor que si Dios Nuestro Señor le hiciere obispo de Plasencia, me mandará devolver mi imagen".*

Las carcajadas burlonas de un hombre de mundo, como era el Sr. Oidor, resonaron por toda la estancia.

"Stmo. Cristo de la Victoria"
Talla de Domingo de Rioja, 1635
MM. Agustinas Recoletas.
Serradilla (Cáceres)
Su Fiesta el 14 de Septiembre

¿¿¿...YO OBISPO...???

¿Yo Obispo? ¿Yo obispo de Plasencia? ¿Tengo yo trazas de ser obispo de Plasencia ni de ningún otro sitio? Hace falta estar loca para decir eso. Bueno, ya está bien de especulaciones. Hemos terminado. Le pido que se marche y le repito una vez más, que usted está loca y mucho más que loca".

Contestación firme de la Beata:

"Sí, me marcharé de su presencia, Señor Oidor, pero no antes de escuchar de su boca de caballero cristiano la promesa de devolverme la imagen si llega algún día a ser obispo de Plasencia".

El Oidor del Consejo Real de Castilla, con una sonrisa incrédula y burlona en su rostro, convencido de lo descabellado de su petición, y sólo para que le dejase en paz, le dio su palabra de caballero, convencido de que eso no ocurriría nunca.

Francisca, con esta promesa, regresó satisfecha a Plasencia, pidiendo fervorosamente a Dios que allanase el camino para la consecución de su fin, suplicando al cielo que el Señor Oidor fuera nombrado obispo de Plasencia, lo antes posible.

El tiempo demostró que no había sido un rasgo de locura, sino de inspiración divina, quien habló entonces por boca de Francisca de Oviedo, porque el 5 de octubre de 1639, en visita pastoral, fallecía en Pasarón de la Vera el obispo de Plasencia, don Plácido Pacheco de Haro.

La Beata veía la ocasión de que el sucesor en la sede placentina fuera elegido para sucederle don Diego de Arce. Nadie como ella tenía tanta expectación ante el nuevo nombramiento, porque esperaba que fuese elegido el candidato que ella esperaba. Pero el designado no fue don Diego de Arce, sino don Bartolomé Santos de Bisoda, Canónigo Magistral de la Catedral de Palencia.

Otro jarro de agua fría para las esperanzas de la Beata. Pareciera que sus fervorosas oraciones no habían traspasado las nubes. Tal vez no conocería nunca ultimar su proyecto de llevar su Cristo a Serradilla. Aceptaba la voluntad de Dios, pero no dejaba de orar para que la Providencia Divina manejase los hilos de la historia de los seres humanos y resolviese los problemas de su Cristo.

Poco después ocurrió lo inesperado, porque el obispo *electo* de Plasencia, don Bartolomé Santos de Bisoda, renunció al cargo y no aceptó su nombramiento. Como tampoco había aceptado antes las sedes de Mondoñedo y la de Cartagena. Luego aceptó la sede episcopal de Almería, aunque no llegara a tomar posesión por haber sido nombrado para la silla episcopal de León. No sería hasta el año 1649 en que aceptara la sede de Sigüenza, donde hizo una fecunda labor pastoral.

Así, pues, seguía vacante la sede episcopal de Plasencia.

¿Cuánto tiempo tardaría la Iglesia en cubrir la sede placentina? Nadie sabía. Ya hemos asentado al principio cómo nobles caballeros accedían al episcopado.

La brillante carrera jurídico-política al servicio del Rey y de su Patria del hombre de estado como era don Diego de Arce y Reinoso, se vio de pronto truncada por su promoción al episcopado. Este hecho cambió del todo el rumbo de su vida. Inició así una nueva carrera, no menos esplendorosa y mucho más gratificante, al servicio de Dios y de la Iglesia. La Reina doña Isabel de Borbón, intervino ante su esposo para que le propusieran a Don Diego de Arce como obispo de Túy. Pero no aceptó por no creerse con fuerzas suficientes para ello. Fue preciso para obligarle a aceptar que interpusiera el Rey su autoridad y que mediase el parecer de hombres doctos a quienes se consultó. Conseguida la aceptación, a instancias del Monarca, el papa Urbano VIII firmó la bula de nombramiento para el obispado de Túy a favor de don Diego de Arce y Reinoso el 1 de octubre de 1635. Todavía no era ni clérigo. Por lo que a marchas forzadas, se procedió a la administración de las sagradas órdenes. Recibió el Subdiaconado, Diaconado y Presbiterado —las órdenes de *"epístola, evangelio y misa"* de manos de don Diego de Castejón, obispo de Lugo y gobernador del arzobispado de Toledo. Y fue consagrado obispo el día 3 de febrero de 1636 por el arzobispo de Granada don Fernando de Valdés, Presidente de Castilla. Permaneció como obispo de Túy dos años y cinco meses. Promovido al obispado de Ávila tomó posesión de esa diócesis el 5 de junio de 1638. Y a la muerte del obispo de Plasencia, don Plácido Pacheco, propició que el monarca propusiese a don Diego, el antiguo Oidor del Consejo Real de Castilla, para la sede placentina, después de la renuncia de don Bartolomé Santos de Bidosa. El proceso de este nombramiento fue más lento de lo normal. La noticia de su presentación para la sede placentina llegó a conocimiento de don Diego el martes 3 de marzo de 1640 y no fue firmada por el papa Urbano VIII hasta el 10 de octubre de 1640, casi siete meses después de la presentación hecha por el Rey.

¿Fue este hecho otro milagro del Cristo de la Victoria, para allanar el camino final hacia su futura y definitiva sede? La fe y las oraciones de la Beata habían conseguido su objetivo.

Si este episodio es cierto, la fecha del diálogo anterior habría que retrasarla bastante.

PALABRA CUMPLIDA

Le faltó tiempo a Francisca de Oviedo para acudir al nuevo obispo placentino para recordarle la palabra dada cuando era Oidor del Consejo de Castilla. Acompañada del cura párroco de Serradilla, el Licenciado don Lorenzo Sánchez y el Regidor de la villa, don Francisco Jiménez, en nombre del pueblo, se presentaron en palacio para exigirle el cumplimiento de su palabra. Y hay que decir que el prelado, sin perder tiempo, cumplió religiosa y fielmente su compromiso de antaño, como buen caballero, convencido del derecho que asistía a la Beata.

En el mismo palacio episcopal y ante el Licenciado Lorenzo Sánchez, el obispo proveyó un auto contra el cura de San Martín, allí presente, para que dentro de una hora entregase dicha imagen al dicho Licenciado Lorenzo Sánchez, bajo pena de excomunión.

Ante esta dura conminatoria al párroco de San Martín no le quedó más remedio que entregar la imagen a su legítima dueña. La fe y constancia de la Beata habían producido el milagro.

Llena de alegría, dudando si estaba soñando, se restregaba los ojos, para convencerse que no estaba dormida y daba gracias a Dios por estar despierta. Lo había conseguido. La imagen saldría de Plasencia, en breve, camino de Serradilla.

SALIDA DE LA IMAGEN DE PLASENCIA

Con rapidez inusitada se planeó, con no poca cautela, la estrategia. Ocho hombres trasladaron la imagen al hospital denominado entonces de Doña Gracia, y después de Santa María, so pretexto de hacerle una novena para los enfermos del hospital. Allí estuvo expuesta dos noches y un día.

En este corto espacio los serradillanos prepararon sigilosamente la salida de la imagen de Plasencia. Serían amparados bajo la oscuridad de la noche, mientras la ciudad duerme, evitando el alboroto de los placentinos que hubieran salido a impedirlo.

Era el sábado 13 de abril de 1641, a la una de la madrugada, cuando ocho robustos y fornidos serradillanos sacaron de Plasencia la imagen del Santo Cristo de la Victoria, por fin, camino de Serradilla, su último y definitivo destino.

LA PESTE DEL TABARDILLO

El pueblo había vivido casi dos años de aflicción y angustia, alarmado y afligido por un tifus mortal, una enfermedad contagiosa, llamada el *tabardillo,* que sembraba de luto los hogares, arrebatando la vida de hombres y mujeres, jóvenes y ancianos. Habían fallecido más de cien personas. Cada día morían dos y hasta tres serradillanos. Muchas casas se habían cerrado por defunción de todos sus moradores. El ansia por recibir la famosa y milagrosa imagen era un clamor popular con la esperanza de que con su venida cesara el contagio y se remediara el mal.

Los ocho hombres que sacaron la imagen del hospital de Doña Gracia (hoy Santa María) enviaron a otro, en veloz corcel, para que fuese a avisar al pueblo del acontecimiento jubiloso y se preparara para recibirle.

Bajaron por la callejuela que separa Santa María del Palacio Episcopal, hasta tomar el último tramo de la calle Trujillo, desembocando en la ermita del Cristo de la Salud, pasaron el puente sobre el río Jerte y enfocaron hacia el cementerio de Santa Teresa, donde propiamente comienza el llamado *"Camino de la Serradilla"*. Fueron atravesando encinares y bosques, arroyos y arroyuelos, sierras y trasierras, gargantas y regatos, sin descanso y con prisas.

Jadeante, pero jubiloso, llegó al pueblo el mensajero, quien recorrió las calles del pueblo, gritando hasta no poder más y exhausto hasta desgañitarse:

¡¡¡Ya viene nuestro Cristo de camino!!!
¡¡¡Todos a recibirle!!!
¡¡¡Todos a la Jarrera!!!

También reclamó que más hombres fuertes se previniesen a fin de reemplazar a los que lo traían. Estos determinaron no detenerse hasta que encontrasen sustitutos, aliviado su peso por la ilusión de su fervor, dando muestras de su valentía y esfuerzo. Así llegaron casi hasta la finca denominada la *"Jarrera"*, donde llegaron las ayudas. Ya se había congregado allí mucha gente. La noticia traída por el enviado de los ocho hombres portadores de la imagen había despoblado a la villa y todos, grandes y pequeños, procuraban salir al camino para recibir al Cristo.

Suele comentarse todavía hoy día que el terreno donde descansaron los portadores de la imagen y se hizo el relevo de los nuevos donde se encontraron con los venidos del pueblo, aún en los tiempos de mayor sequía y calor, un amplio espacio está siempre cubierto de hierba verde.

También cuenta la tradición que al aparecer la imagen del Cristo en lo alto de la sierra, la epidemia que había arrasado tantas vidas, desapareció instantáneamente. Seis enfermos que estaban desahuciados recobraron súbitamente la salud. Con lo que el júbilo y la devoción se acrecentaron sobremanera, llegando en algunos hasta el delirio. La fama de milagrosa que aquella imagen había dado fuera, en Madrid y en Plasencia, ahora se confirmaba dentro del pueblo. Sería la esperanza y alivio de todos los males de sus vecinos. La alegría de todos era inenarrable.

LA IMAGEN LLEGA A SERRADILLA

A la entrada del pueblo había salido de la iglesia, revestido con solemne capa pluvial, el cura don Agustín Rodríguez, presidiendo una procesión precedida por la cruz alzada, estandartes, clerecía y todas las cofradías con más de cuarenta hachas. Al llegar a la ermita de Santa Ana, donde estaban detenidos los que portaban la imagen se la cubrió bajo un dosel y bajo palio fue trasladada por los ancianos y fuerzas vivas del pueblo. Fue una procesión con danzas, himnos y cánticos mientras bajaba hasta la plaza Mayor y de allí a la iglesia parroquial de Nuestra Señora de las Candelas. Las campanas repetían el gozo de todos sus vecinos con su alegre repicar a fiesta mayor. Y fiesta mayor era la llegada de la sagrada imagen a Serradilla que había de significar un antes y un después para la historia de la localidad.

Descubierta la imagen se colocó en medio de la capilla mayor en un altar provisional hasta que se adornase un altar donde había de estar expuesta. Allí estuvo por espacio de ocho días. Todo el pueblo mostraba su alegría y su regocijo celebrando tan singular acontecimiento. Concurrieron a estas fiestas muchísima gente de los contornos, desde las localidades más pobladas como Plasencia, Trujillo y Cáceres, hasta los pueblos más pequeños como Mirabel, Talaván, Torrejón el Rubio, Hinojal, Montehermoso, Cañaveral, Galisteo, Malpartida de Plasencia, Tejeda del Tietar, Jaraiz de la Vera, Jarandilla, Valverde, Pasaron y Losar de la Vera, Torremenga, Torrejoncillo, Jaraicejo, Guareña, Logrosán, Torrecilla de la Tiesa, Santa Marta de Magasca y Santiago del Campo.

No faltó lo que siempre, por tradición, es costumbre de los pueblos en España, los toros. Al domingo siguiente fue todavía fiesta y antes de la misa mayor entraron en la iglesia dos grandes y preciosos ramos de flores, ofrecidos por los dos barrios en que se había dividido el pueblo para rivalizar sanamente en entusiasmo y devoción a la sagrada imagen.

Fueron acompañados por dos famosos grupos de danzas de cascabel y los ramos fueron vendidos luego por más de doscientos reales.

La misa solemne fue presidida por el doctor Juan Jiménez, cura propio de la iglesia del Salvador de Plasencia, que también quiso honrar con su presencia esta fiesta, y los ministros asistentes fueron los dos Tenientes de la villa: el Licenciado Agustín Rodríguez y el Licenciado Lorenzo Sánchez.

Después del evangelio subió al púlpito el predicador religioso franciscano, Lector de Teología en el Convento de Plasencia, extendiéndose en alabanzas de la imagen y publicando algunos de los milagros que el Santo Cristo había hecho en Plasencia y en Madrid en el tiempo que allí permaneció. También resaltó la dicha que podía ostentar Serradilla al poseer esta imagen para su propio consuelo y honra de la villa.

Por la tarde, finalizadas las vísperas cantadas, hubo en el amplio atrio exterior de la iglesia una comedia, bien interpretada, agradando al auditorio, muy acostumbrado a estos actos culturales al socaire de los templos. Serradilla ha tenido siempre una afición grande por el teatro y en la parroquia se conserva un **Libro de comedias** con la lista de las obras representadas y alguna de ellas varias veces repetidas.

Terminada la función teatral el público penetró en la iglesia donde se desarrolló una procesión para llevar la imagen desde la capilla mayor hasta el altar de San Miguel, colateral a mano izquierda, donde se había preparado y adornado para colocarlo en él.

Cuatro sacerdotes cargaron la peana de la imagen sobre sus hombros, precedidos por los estandartes de las cofradías y más de cien hachas, abriendo la procesión dos danzas de cascabel y otra de gitanos, que no pudieron hacer sus mudanzas por la apretura de la gente que llenaba el recinto parroquial. La procesión no salió a la calle sino revolviendo sobre mano derecha, entre cánticos y plegarias, la imagen quedó depositada en la capilla de San Miguel. Allí permanecería hasta que se construyera el hospital o una capilla o iglesia para el Santo Cristo de la Victoria.

ALEGRIA EN EL PUEBLO

El júbilo fue universal. La alegría, indescriptible. La beata no cogía en sí de satisfacción. Tantos desvelos y angustias habían tenido el final largamente deseado. La imagen del Cristo de sus amores, había llegado a su destino después de unos incidentes casi insalvables, tanto en Madrid como en Plasencia.

Había motivos suficientes para la alegría y el fervor religioso se vivía en Serradilla. El Cristo premió generosamente la piedad de los serradillanos. La plaga del *tabardillo* había desparecido, muchos enfermos recobraron la salud y una lluvia benéfica del cielo regó los campos sedientos dando una copiosa cosecha aquel año.

Serradilla siempre ha sido un pueblo eminentemente agrícola. Y el agricultor siempre ha vivido mirando al cielo. Y agradece cuando la lluvia llega a su debido tiempo. Aquel año, como sucedería en otras ocasiones posteriores, la lluvia llegó en su mejor momento y la cosecha fue abundante. La primera rogativa y procesión de la imagen se realizó en el año 1685. Y llovió abundantemente.

El cronista anónimo que describe los festejos celebrados en Serradilla a la llegada del Cristo termina su relato haciendo votos por la pronta construcción de una capilla para la santa imagen, interesando en ello la gloria y el honor de sus paisanos.

Con razón Liberato Alonso Fernández, autor del Himno al Cristo de la Victoria incluye en el Himno la siguiente estrofa, que figura en lápida blanca, a mano izquierda de la entrada al Santuario, instalada con motivo del tercer centenario 1641- 1941:

La Beata Francisca de Oviedo,
abrasada de amores divinos,
allanando el difícil camino
esta imagen nos trajo al lugar.

Y de entonces acá no hay persona
que tu trono no envuelva de amores,
convencida de que tus favores,
en la vida no le han de faltar.

DECEPCIÓN

En vista del entusiasmo despertado al principio, parecía natural que así fuese y que todos los vecinos de Serradilla contribuyesen para llevar a cabo inmediatamente la obra. Pero el tiempo demostró que no fue todo como se esperaba. La realidad no correspondió al entusiasmo inicial. Causas de muy diversa índole determinaron una demora inesperada en la ejecución de la idea que todos con ardor acariciaban.

Ni el pueblo ni la Beata estaban satisfechos con el lugar en que se había instalado la imagen, la iglesia parroquial, entonces dedicada a Nuestra Señora de la Purificación, o Virgen de las Candelas y hoy a Nuestra Señora la Virgen de la Asunción, cuando el gremio de labradores encargó al vallisoletano Luís Salvador Carmona, célebre escultor de la Corte, una imagen de la Virgen que terminó el año 1749. Obra bellísima barroca que se entronizó como la nueva Patrona de la Parroquia.

Todos querían edificar una capilla o iglesia especial a fin de que la imagen del Cristo fuera honrada con mayor culto, reverencia y piedad.

La división de pareceres surgió cuando se trató de elegir el lugar de emplazamiento de la obra proyectada. Muchos opinaban que lo más conveniente era construir de nueva planta una capilla en la parroquial. Pareciera lo más lógico. Pero se opuso a ello rotundamente Francisca de Oviedo, ya que su objetivo primero había sido fundar un hospital para lo cual había luchado y encargado la imagen y tener una iglesia propia junto al proyectado hospital, declarando como patrono de la iglesia y del hospital a su querido Cristo de la Victoria. Prevaleció su parecer, pero seguida por los menos y luego desamparada por los más.

TEMPLO SOBRE UNA MEZQUITA ÁRABE

Surgieron también diferencias entre los vecinos sobre el sitio en que se había de fundar la nueva iglesia. Era el tema de conversaciones diarias entre la población. Y lo que ocurre siempre. Cada cual opinaba conforme a sus particulares conveniencias e intereses.

No lejos de la parroquia había una casa medio derruida, que según la tradición antigua, había sido *mezquita* de moros. La población morisca tuvo marcada importancia durante los siglos X y XI. Todavía hoy existe la llamada "*Calleja de los Moros*", signo de su presencia en el pueblo e incluso ciertas fisonomías actuales lo denotan. Claro que en España la mayor parte o tenemos – aunque cada vez más diluida - sangre judía o mora.

A la Beata, llevada de su santo celo, pareció justo que, en el lugar donde se había rendido culto al falso profeta Mahoma, se tributase ahora honor y gloria al Dios verdadero. Cuando se abrieron los cimientos se comprobó por haberse hallado en el lugar muchos sepulcros llenos de huesos de mayor estatura que la común. Y se impuso la opinión de Francisca, contraria a la opinión del pueblo. Esta actitud disgustó profundamente a la Beata. Pero su espíritu recio y optimista no desfalleció. Tenía las ideas claras. Y, sobre todo, una visión iluminada por lo alto.

Vino en ayuda de Francisca de Oviedo la presencia en Serradilla del obispo de Plasencia, en visita pastoral, don Diego de Arce, quien informado de las divergencias existentes en el pueblo, reconoció los sitios designados por las partes y aprobó el propósito de la Beata y mandó se hiciese la iglesia en el lugar de la antigua mezquita árabe. El propio obispo estuvo presente en la colocación de la primera piedra de la capilla del hospital y prometió colaborar a las obras con importantes donativos.

Y una vez más cumplió su palabra. Fue don Diego de Arce el que dio a la artística y venerada escultura el título de Cristo de la Victoria *"por los triunfos que se consiguieron en tantas dificultades"*, así como porque se constituyó en intérprete de la idea del escultor, que quiso representar a Cristo, **vencedor, por la cruz, del demonio y de la muerte**.

En vista de ello, los vecinos se retiraron y dejaron sola a Francisca. El pesimismo y la desgana tomaron cartas de naturaleza entre los serradillanos. Las razones eran estas: no haber accedido a la voluntad de los vecinos sobre el punto de erigir la iglesia o también porque preveían que el coste de ello sería tan cuantioso y superior a sus pocos recursos, que éstos no podrían reunirse.

Así piensa el hombre en su "sensata insensatez". Pero Dios, afortunadamente, piensa de otra manera. *"Mi caminos no son vuestros caminos".*

LA ANDARIEGA

No desmayó, sin embargo, Francisca de Oviedo. Sola, abandonada de todos, puso toda su confianza en Dios. Por aquel entonces, sólo contaba con doscientos reales. Pero su alma varonil y la reciedumbre de su espíritu, no se dejó abatir ante las dificultades y obstáculos. Mayores los había superado.

Inicia así una nueva etapa la vida de Francisca de Oviedo. Sin desfallecer y con la confianza puesta sólo en Dios, compró un *farderillo* y de pueblo en pueblo y de puerta en puerta, recorrió los pueblos de Extremadura y parte de Portugal, pidiendo limosna para su Cristo, llevando en una pequeña urna una copia de su bendito Cristo.

Como suele acontecer en esos casos, no faltaron insultos, afrentas y desprecios. Unos la tildaban de embustera. Otros, de hipócrita. Los más, de devota falsa y fingida. Otros, la reprochaban su vida errante y vagabunda. Incluso hubo lugares en que fue bárbaramente apaleada, como San Pablo. Todo lo recibía Francisca con paciencia y mansedumbre, encendida del amor a Dios y para gloria de su Cristo. Y Dios bendijo su perseverancia. Porque aparte de sacar fondos para su iglesia, contribuyó también a dar a conocer su imagen en los lugares por donde mendigaba, convirtiéndose en la primera y gran propagandista de la devoción al Santo Cristo de la Victoria. Ya en esos mismos tiempos hubo fechas en que acudieron en romería a Serradilla, con la precariedad de los transportes entonces, hasta trescientas personas, con lo que aumentaron también las limosnas.

Con esta base inicial emprendió la Beata la construcción de la iglesia para su Cristo y comenzaron los serradillanos a volcarse en su ayuda al ver la determinación y el empeño que ponía aquella voluntariosa mujer, olvidando viejos desacuerdos. Rendidos por su ejemplo admirable pusieron todo a su disposición: caballerías, mulos, caballos y burros, para acarrear materiales de construcción y los albañiles, herreros, carpinteros, todos se prestaron generosos a poner su grano de arena. Hombres y mujeres, ancianos y niños, jóvenes y maduros, todos a porfía, querían ayudar a la Beata, convencidos de la importancia que aquello iba a significar para Serradilla.

Estatua en bronce de la Beata a la entrada del Santuario, inaugurada el 2 de mayo, 1999

DONACIÓN DE LA IMAGEN

En nada decreció el fervor y entusiasmo de los serradillanos por la imagen bendita que Francisca de Oviedo había conseguido traer a la villa, a pesar de las discrepancias en cuanto a la elección del lugar donde se había de edificar la iglesia y no dejaron de aportar su óbolo generoso para la obra. Nunca los vecinos negaron su colaboración para ello. Con esta colaboración local y la ayuda del señor don Diego de Arce y Reinoso que con liberal mano la socorría, vio acabada la hermana Beata su iglesia y empezadas las paredes del hospital. Y no se quejó la Beata. Porque dando prueba palpable de su corazón generoso fue la donación de Francisca de Oviedo, legítima propietaria de la imagen, al pueblo de Serradilla. Y esto lo hizo antes de ver terminada la iglesia. La Beata había cumplido 57 años. Ocurrió el día 14 de febrero del año 1645.

Lo hizo en escritura pública otorgada ante el notario Juan Mateos. Una decisión personal que expresaba su amor a Serradilla.

Fue Francisca de Oviedo y Palacios la que hace donación de la imagen del Cristo de la Victoria, "que es suya propia, a la Cofradía de la "Vera Cruz y la Santa Misericordia" y al Consejo y vecinos de esta villa y por convenir al servicio de Dios Nuestro Señor, se haga una capilla donde con toda veneración se coloque la imagen".

En el archivo de las monjas Agustinas Recoletas de Serradilla se guarda el siguiente documento que brinda pruebas y detalles incontestables. El que atañe a este asunto dice así

COPIA DEL DOCUMENTO ORIGINAL EN QUE LA BEATA FRANCISCA DE OVIEDO CEDE LA IMAGEN DEL SMO. CRISTO A LA COFRADÍA DE LA VERA CRUZ Y SANTA MISERICORDIA Y AL CONSEJO DE VECINOS DE ESTA VILLA.

En la villa de la Serradilla, a catorce días del mes de febrero, de mil seiscientos y cuarenta y cinco años. Ante mí, el presente escribano público y

testigos, parecieron presentes, de la una parte, Francisca de Oviedo y Palacios, vecina de esta dicha villa y Diego Díaz, regidores perpetuos de esta dicha villa.

E dijeron, que por cuanto la dicha Francisca de Oviedo, trajo a esta dicha villa una santa Imagen de Nuestro Señor Jesucristo, que es suya propia, e agora, la dicha Francisca de Oviedo ha tenido por bien de hacer donación de la dicha santa imagen a la Cofradía de la "Vera Cruz y santa Misericordia", y a el consejo y vecinos de esta dicha villa, y por convenir al servicio, honra y gloria de Dios nuestro Señor, se haga una capilla adonde con toda veneración se coloque la dicha santa Imagen, y porque estaban convenidos y concertados en que la dicha capilla se haga contigua a la iglesia parroquial de santa María de esta dicha villa, los dichos señores alcaldes regidores, en nombre de dicha cofradía y en nombre de dicho consejo y vecinos de esta villa, aceptan la donación y se obligan como tales alcaldes y regidores a que dentro de un año harán la dicha capilla, dando la puerta por la iglesia, la cual han de hacer en la forma que su merced el Sr. Dn. Juan Ortuño Teruel, mestre de la escuela de la santa Iglesia de Coria y visitador general de este obispado, ordenare y concordare con Pedro Mateos, maestro de obras, vecino de la ciudad de Plasencia, con que el caudal que de presente tiene el Stmo. Cristo y tuviere hasta acabarse dicha obra ha de servir para ella y todo lo que faltare como dicho es, han de cumplir los vecinos, quedando como quedan en su fuerza y vigor las escrituras y mandas que en esta sazón se han hecho por algunos vecinos de esta villa, y se entiende que todos los materiales, de cualquier género que sean, los han de dar puestos a el pie de la obra, y corrido el tiempo, las limosnas que se dieren a el reparo del altar y capilla del santo Cristo y lo demás se ha de procurar hacer instancia con el prelado de este obispado, que se haga un hospital de donde salga la disciplina de la "Vera cruz" el jueves santo, y adonde se puedan curar algunos enfermos vecinos y naturales de esta villa, y así mismo, de las dichas limosnas se ha de procurar que su santidad conceda un jubileo en cada un año, para el día que le pareciere al prelado, y que para este efecto se traigan dos religiosos que ayuden a confesar, y se harán otras obras pías, según parezca que convenga a el servicio de Dios nuestro Señor. Y en la dicha capilla se ha de enterrar la dicha Francisca de Oviedo, y de las dichas limosnas se han de decir en cada un año, los días que ella señalare, cuatro aniversarios, que se entiende, una vigilia de tres lecciones, misa cantada con ministros y responsos sobre su sepultura, y la limosna de todo lo dicho se ha de pagar de las limosnas del santo Cristo: Y por cuanto para la dicha obra se ha sacado madera que estaba en esta villa, en primer lugar de ella se hará hacer la dicha fábrica, y la que quedare y sobrare, (techo, retablos, rejas y puertas y todo lo demás que en cualquier manera sea necesario) se ha de reservar para la obra de dicho hospital, cuando se haga, y en esta conformidad las dichas partes para el cumplimiento de todo lo dicho obligaron los dichos señores, justicia, regidores, los propios y rentas de este consejo, y la dicha Francisca de Oviedo y Palacios los bienes así muebles, como raíces, habidos y por haber, y dieron poder cumplido en bastante forma a las justicias e jueces del Rey, nuestro Señor, que sean competentes para que los hagan cumplir, pagar y guardar todo lo dicho, es como si esta escritura y lo en ella contenido, es como si fuese sentencia definitiva de juez competente contra los susodichos, dada y pronunciada, y por ellos pedida, consentida y no apelada, y pasada en cosa juzgada, sobre la cual renunciaron todas y cualesquiera leyes, fueros y derechos de su favor con la general del derecho en cuyo testimonio lo otorgaron ante mí, el presente escribano, su hermano, Juan Cabrero, y el Licenciado Lorenzo Bara, teniente de esta dicha villa, y los otorgantes, a quien yo el escribano doy fe, conozco, lo firmaron de sus nombres, y así mismo lo firmó el señor visitador, Dn. Francisco Pizarro Barona. Francisco Fernández. Diego. Dr. Juan Ortuño de Teruel. Francisca de Oviedo y Palacios.

> *Ante mí: Juan Mateos, escribano.*
> *Testado. En forma.*

Este rasgo increíble de generosidad por parte de la Beata no tiene nombre. Daba lo más preciado para ella. Aquello por lo que había derrochado tantas ilusiones y padecido tantos trabajos y desvelos, superando dificultades sin fin. Y lo cede al pueblo de Serradilla, donde había vivido y donde moriría, poniendo en práctica el lema de San Ignacio de Loyola: *Ad Majorem Dei Gloriam*".

Pero *"el hombre propone y Dios dispone"*. Porque los planes fallaron. Al año no estaba terminada la obra. Otra contradicción más para la Beata. La condición estipulada no fue cumplida, a pesar de los fondos hasta entonces recogidos. Aquello parecía una tomadura de pelo. Por causas imprevistas la ejecución del proyecto se retrasó y se necesitarían tres años para poder ver finalizada la iglesia, con el contentamiento y el júbilo de todos.

La Beata había cumplido 57 años de edad.

Se celebraron grandes fiestas con motivo de tan fausto suceso. La edificación de la iglesia había supuesto más tiempo del esperado, pero el regocijo fue mayor al verla acabada.

El 14 de septiembre de 1648 fue el designado para el traslado de la imagen desde la parroquia hasta la nueva morada, a los 60 años de la Beata.

Dicen la crónicas que acudió mucha gente de todos los lugares circunvecinos y de los más lejanos de Extremadura y en Serradilla fueron recibidos y agasajados con el mayor afecto y agrado. Es nota característica de Serradilla su cordial hospitalidad. Nadie más llena de gozo que Francisca de Oviedo y Palacios que por fin ponía broche de oro a tantos desvelos, dificultades y problemas. La Beata había conseguido su objetivo y reconocía que ella sólo había sido mero instrumento de Dios. Instrumento humilde para una obra grande. Y todo ello sin pavonearse. Daba gracias a Dios que por ella había cumplido sus designios: llevar la imagen y ser instalada en Serradilla. El 14 de septiembre del año 1662 se le declaró patrón de la villa de Serradilla al Santísimo Cristo de la Victoria.

Este Patronazgo dio pie, tiempo después, a un pleito entre la Cofradía de la Pasión y las monjas. Dicha Cofradía estaba establecida en la iglesia parroquial, y alegaba que en las procesiones su estandarte debía ir delante, pues era mucho más antigua que la del Cristo. El pleito duró varios años, y terminó resolviéndose a favor del Cristo, por ser el Patrón de la villa. El fallo de la sentencia se realizó el año 1803.

OBJETIVO: EL HOSPITAL

Pero faltaba el objetivo principal por el que había hecho su primer viaje a Madrid: la fundación de un hospital para los más pobres de Serradilla. Lo de la imagen del Cristo había sido sólo un incidente añadido y casual. Incidente que le había supuesto mucho trabajo, demasiado tiempo y no pocas dificultades. Todo ello superado con éxito y una gran dosis de fe y mucha oración.

Ahora sus esfuerzos se enfocarían en la creación del hospital.

Pero surgían dudas.

¿Qué pasaría si se descuidaba la veneración a la imagen y decrecía la devoción a su Cristo? Estas ideas se debatían en la mente de Francisca en aquellos momentos, pero dejaba que los caminos de Dios marcaran la ruta futura. A la divina Providencia dejaba el cómo se solucionaría el problema.

Y un día, una idea novedosa, pero providencial, iluminó su mente. Fue ésta:

¿Y si procurase establecer una comunidad religiosa que se encargase de mantener y cultivar el esplendor del culto y la devoción al santo Cristo?

Así tendría asegurado el culto perpetuo al Cristo de la Victoria y ella se dedicaría a la fundación del hospital. Parecía una solución acertada.

Pero ¿Cómo podría hacerse realidad?

"Dios dirá", - pensaba para sí la Beata -.

Estaba convencida que *"La mano izquierda de Dios* escribe derecho con renglones torcidos". Y a esa "mano izquierda de Dios" dejaba la Beata que escribiera el futuro.

Mientras tanto Francisca de Oviedo se entregaba asiduamente a la oración y a la acción generosa con sus enfermos en el Hospital por ella fundado. Fueron aumentando las camas, los médicos y las enfermeras. El botiquín estaba bien servido de medicinas y utensilios necesarios. Aumentaban los voluntarios colaboradores en la acción caritativa. Cuando la caridad cristiana se vive a tope es cuando surgen personas como San Juan de Dios, Santa Isabel de Hungría o Teresa de Calcuta y tantas y tantas personas anónimas Solo hay que ver en cada pobre o enfermo al mismo Cristo. Y esto fue lo que hizo Francisca de Oviedo. Creía a pie juntillas aquello de *"lo que hiciereis con uno de éstos, conmigo lo hicísteis"*. La Beata se sentía feliz dando a sus pobres y enfermos alimentos, cuidados y sobre todo, mucho cariño. Ya no hubo en Serradilla mas Catalinas Alonso, cuyo recuerdo nunca la abandonó. La Beata agotó sus energías hasta que cayó ella misma enferma. La mantenía en pie su deseo de que su obra permaneciera aún después de su muerte. Por eso esperaba una solución de la Divina Providencia.

SOLUCIÓN INESPERADA

En efecto. La Divina Providencia, que todo lo prevé y dirige, estaba actuando en esa dirección, adelantándose a las elucubraciones mentales de Francisca.

Porque, en el pueblo abulense de Arenas de San Pedro, acababa de fallecer la religiosa Isabel de Jesús en la misma fecha de la inauguración en Serradilla de la capilla primitiva al Santo Cristo de la Victoria. Esta religiosa, que vivió y murió en honor y fama de santidad, había recibido en revelación privada la idea de fundar en Serradilla una comunidad de Agustinas Recoletas. También había predicho quien sería la fundadora de ese convento. Y no era otra que su sobrina, la Madre Isabel de la Madre de Dios. También a esta religiosa le había revelado el Señor la suma complacencia que tendría en la fundación del convento de Agustinas de Serradilla.

El 3 de marzo de 1656 –dice la Madre Isabel de la Madre de Dios – oí que el Señor me decía estas palabras:

"Es tan de mi voluntad y tan acepta a mí esta fundación que ninguna persona que me hiciere este servicio y pusiere el hombro en él, se condenará".

Y la Madre Isabel de la Madre de Dios seguía teniendo más revelaciones particulares respecto a este mismo proyecto. Así lo cuenta ella misma:

"Ese mismo año, el día segundo de la Pascua de Pentecostés, después de comulgar, sentí que me habían arrebatado por otras tierras muy ásperas y fragosas y al fin vi una llanura en que estaba el lugar en el que el Señor quiere que se le haga el convento. Entráronme también en una iglesia en que me mostró su Majestad Santísima la imagen de "un Cristo en pie y abrazado a la Cruz. Tenía el rostro al pueblo".

La Beata había cumplido 68 años.

En la Biblioteca Nacional de Madrid con el número 6072 se encuentra en la sección de manuscritos un cuaderno, cuyo título es el siguiente:

"MANIFESTACIONES DE LA DIVINA VOLUNTAD EN ORDEN A LA FUNDACION DEL CONVENTO DE LA SERRADILLA".

Este cuaderno contiene varias cartas espirituales de la M. Isabel de la Madre de Dios, en las que consigna las diversas revelaciones del Señor, referentes a la fundación del convento de Serradilla.

Y en el Convento de MM, Agustinas Recoletas de Serradilla, se encuentra el cuadernillo que recopiló el Padre Ignacio del Castillo indicando por capítulos, lo dictado por la Madre Isabel a su secretaria, ya que ella no sabia escribir.

Este cuadernillo quiere publicarlo en edición facsímil la Comisión Gestora de las celebraciones encargada de las efemérides sobre dicha religiosa, encabezada por don Jesús Gómez Jara, autor del libro sobre la Sierva de Dios Isabel de la Madre de Dios, fundadora de los Conventos de Agustinas Recoletas de Serradilla y la Calzada de Oropesa.

FRAY FRANCISCO IGNACIO DEL CASTILLO

Quien conocía estas revelaciones privadas de las monjas recoletas de Arenas de San Pedro era el Padre Francisco Ignacio del Castillo, confesor de las monjas agustinas de aquella localidad. Había sido director espiritual de la sierva de Dios Sor Isabel de Jesús y lo era a la sazón de la M. Isabel de la Madre de Dios.

Convencido el Padre Francisco de la voluntad de Dios por las revelaciones de Isabel de Jesús vino a Serradilla el año 1656 para entrevistarse con Francisca de Oviedo, para indagar el modo de efectuar la fundación proyectada desde Arenas de San Pedro.

Francisca de Oviedo, a sus 68 años, vió el cielo abierto con esta visita tan inesperada, pero providencial. Era la solución que deseaba pero nunca sospechó que fuese de esta manera. La Divina Providencia había urdido esta entramada tela de araña, como las teselas de un mosaico, para seguir demostrando la ruta de su voluntad que demostraba su predilección por la Beata y por el pueblo de Serradilla. Es de suponer la alegría de Francisca de Oviedo ya que el proyecto del Padre Ignacio del Castillo era tan conforme a sus pensamientos y deseos.

También se entrevistó el agustino con las autoridades del pueblo, las Justicias y Ayuntamiento de la villa y tras breves deliberaciones convinieron en que el futuro convento se edificase junto a la iglesia del Cristo y que las religiosas que vinieran se encargarían de su culto y servicio. Las monjas habían de permanecer al pie del Cristo *para alabarle, asistirle y reverenciarle*. Las autoridades de Serradilla todas dieron su consentimiento y licencia para la nueva fundación.

El Padre Francisco Ignacio del Castillo fue al varón elegido por Dios para dar principio a la fundación del convento de Serradilla, habiendo dejado al morir perfecta su fábrica y terminada su obra.

Este insigne religioso había nacido en Plasencia el año 1614, hijo legítimo de Juan Miguel y de Catalina del Castillo. A los quince años ingresó en la Orden de San Agustín, profesando en el convento de Salamanca el 26 de agosto de 1630. Editó la vida de Sor Isabel de Jesús y fue quien publicó la primera historia del Cristo de la Victoria. Desde que llegó a Serradilla ejerció el cargo de Vicario y director espiritual de las monjas. Murió a los 80 años de edad el 15 de enero de 1694.

Otro gran olvidado de la historia de Serradilla y figura clave en la consecución del Convento. Desde aquí pedimos justicia y honor para este insigne benefactor de Serradilla.

CESIÓN DE LA IMAGEN A LAS MONJAS

Antes hemos descrito cómo en el año 1645, en un acto de extrema generosidad, por parte de su propietaria, la Beata Francisca de Oviedo, donó espontáneamente la imagen del Santísimo Cristo de la Victoria al pueblo de Serradilla.

Ahora vamos a detallar la cesión de la misma imagen a las Religiosas Agustinas por parte del pueblo, doce años después.

Y es que fue tal el entusiasmo que produjo la noticia de la fundación del convento de las Religiosas Recoletas de San Agustín y tan general el aplauso con que fue recibida la proposición del Padre Francisco Ignacio del Castillo y tan ardientes los deseos de que cuanto antes se llevase a efecto, que no vaciló el pueblo en hacer donación de la imagen del Santísimo Cristo de la Victoria a las religiosas que habían de venir. Con este gesto daban los vecinos una muestra espléndida de su piedad y de su amor a su Cristo de la Victoria, porque estaban convencidos de que sería el medio más eficaz, más seguro y el más agradable a Dios que encomendar a las religiosas del claustro la custodia y conservación del culto divino y el ornato y cuidado del templo.

DONACIÓN DE LA IMAGEN DEL PUEBLO A LAS MONJAS

Nada más esclarecedor y contundente que reproducir íntegro el documento que se conserva en el Monasterio de MM. Agustinas Recoletas de Serradilla. Dice así:

COPIA DEL DOCUMENTO EN QUE LA BEATA FRANCISCA DE OVIEDO Y LAS AUTORIDADES DE LA VILLA DONAN LA IMAGEN DEL STMO. CRISTO A LAS MONJAS Y APRUEBAN LA FUNDACIÓN DEL CONVENTO

En la villa de Serradilla, a diecinueve días del mes de noviembre, de mil y seiscientos y cincuenta y siete años, sus mercedes Don Diego Leal y Diego Sánchez Barbero, alcaldes ordinarios de esta villa y Dn. Diego de Castro Paniagua, Juan de Solís y Pedro de Dn. Gil, regidores de ésta, estando juntos en su ayuntamiento, como es de costumbre ante mí, el escribano.

Dijeron que por cuanto la madre Francisca de Oviedo y Palacios, vecina de esta dicha villa, tiene fecha donación, por escritura que otorgó ante mí, el presente escribano, que la imagen de Stmo. Cristo de la Victoria, que está en esta dicha villa a dicha villa y sus vecinos, por ser como era suya propia la dicha imagen, como de la donación, más largamente consta, a que se refieren, y porque en virtud de la dicha donación la dicha Francisca de Oviedo, con celo de Dios nuestro Señor, y a honra y gloria suya.

Y porque la dicha santa imagen estuviese con la veneración que se requiere, ha intentado en que en el santuario de dicha santa imagen, se fundase un convento de monjas, dando licencia para ello su Ilustrísima el señor obispo de la ciudad de Plasencia.

Para lo cual esta dicha villa dio su permisión y hasta agora no ha tenido efecto lo susodicho.

Y agora, hoy dicho día, pareció presente en este dicho ayuntamiento, el padre Fray Francisco Ignacio, Predicador de la observancia de la orden de San Agustín. Y con orden que recibió del padre maestro fray Martín de Montalvo, catedrático de santo Tomás de la Universidad de Salamanca y provincial de la provincia de Castilla, de la observancia de dicha orden de San Agustín.

Por lo cual le ordena y manda en virtud de santa obediencia, que acuda a esta villa de la Serradilla y demás partes necesarias que convenga, para tratar y efectuar se funde en el dicho santuario de Stmo. Cristo de esta dicha villa, un convento de religiosas recoletas, de la orden de san Agustín, y atienda a lo necesario y dependiente a dicha fundación.

Y por la relación e informe que hizo el dicho padre fray Francisco Ignacio en dicho ayuntamiento, atendiendo al servicio de Dios Ntro. Señor, honra y gloria suya, veneración de esta santa Imagen, lustre y honra de esta villa y conveniencia a lo espiritual y temporal que se le sigue en dicha fundación de religiosas agustinas recoletas.

Y fue acordado que debían dar y dieron licencia y facultad en lo que les toca, al dicho fray Francisco Ignacio, para que dada licencia por el ordinario y consejo, haga la dicha fundación. Y para ello le ceden, renunciaron e traspasaron el derecho y la acción que esta dicha villa tiene a esta imagen de dicho Stmo. Cristo de la Victoria, de esta villa, bien y en forma que por dicha escritura la tienen de la dicha madre beata.

Las cuales religiosas fundadoras hayan de venir del convento que está en la villa de Arenas, de la dicha orden, así lo acordaron y decretaron.

Estando presentes en el dicho ayuntamiento a todo lo referido el bachiller Lorenzo Sánchez y el bachiller Juan Fernández, curas teniente de esta villa, y Mr. Caballero, familiar del santo Oficio, y Diego Mateos y Gil Díaz de la Gonzala, vecinos de esta dicha villa, que para el dicho efecto fueron llamados. Y el dicho fray Francisco Ignacio, que presente estaba, aceptó la dicha donación y permisión para la dicha fundación del convento, que ha de ser contiguo a la iglesia adonde está la dicha sga. Imagen del sto. Cristo de la Victoria de esta dicha villa. Diego Leal, Diego Sánchez Barbero, Dn. Diego Castro Paniagua, Juan de Solís, Pedro de Dn. Gil, Fray Francisco Ignacio.

Ante mí, Juan Mateos

Y para que no quedara ningún cabo suelto, el escribano juzgó necesario, para mayor abundamiento, para ratificar y cumplimentar los acuerdos anteriores, llamar a la Beata para que declarase lo siguiente:

Y luego, el dicho día, mes y año arriba dichos, ante mí, el presente escribano público, pareció la beata Francisca de Oviedo y Palacios. E dijo que en virtud del acuerdo de los señores de justicia y regimiento de esta dicha villa y para mayor abundamiento, daba y dio su voluntad y consentimiento para que las dichas religiosas que en él se proponen haga la dicha fundación, de

dicha orden de san Agustín, para lo cual demás de la donación fecha a esta
villa, requerida en dicho acuerdo, siendo necesario, la hace de nuevo.

Y todo el derecho que tiene a la dicha santa imagen y cosas compradas
y ornamentos que hay en la iglesia de la dicha sga. Imagen, para la dicha
fundación, todo lo cede, renuncia y traspasa en las fundadoras que fueren de
dicho convento, y en su nombre a el padre fray Francisco Ignacio, predicador
de la dicha orden para que puedan disponer a su elección, como de quien
tanto fía la disposición de lo referido.

Al cumplimiento de todo se obligó en forma y otorgó así, ante mí el
escribano, siendo testigos el bachiller Juan Fernández, cura teniente de esta
dicha villa, y Fabián Rosado, y Simón Sánchez y Mozo, vecino de esta villa,
y la dicha Francisca de Oviedo, a quien yo, el escribano, doy fe, conozco la
firma, y el dicho padre fray Ignacio, que presente estaba, así mismo lo aceptó y
firmó. Fray Francisco Ignacio. Francisca de Oviedo y Palacios.

Ante mí: Juan Mateos.

La Beata tiene en estos momentos 69 años.

Como se ve esta escritura está dotada de todos los requisitos legales
otorgada ante notario público. La escritura de donación es clara y
terminante y no deja lugar a dudas.

El pueblo cede y traspasa a las religiosas todo derecho y acción sobre
la imagen y el Padre Francisco, en nombre de ellas, acepta dicha donación
en forma legal, para que surta los efectos pertinentes.

Así se entendió desde un principio. Pero no tardó mucho en que
algunos, ignorando los compromisos adquiridos, levantaron voces
discrepantes que quisieron devolver la propiedad de la imagen al pueblo.

En 1700 algunos fanáticamente exaltados, olvidando la transferencia
legal a las religiosas, quisieron arrebatarles lo que legítimamente les
pertenecía. Estos insensatos intentaron involucrar a su favor al obispo
de Plasencia, pero su pretensión resultó frustrada. Porque el prelado
reconoció plenamente el derecho de las monjas y su propiedad en la
sagrada imagen. Todos los ardides torcidamente presentados fueron
desechados.

Casi un siglo después, en 1793, volvió a resucitarse el pleito, esta vez con mayor virulencia y no menores disgustos. Llevaron la cuestión al Tribunal Eclesiástico, máximo competente en el caso.

Era entonces Priora del Convento la Madre María Antonia de Nuestra Señora del Carmen, célebre Marquesa de Almarza, quien defendió brillantemente los derechos de la Comunidad de las Religiosas Agustinas Recoletas. Presentó la escritura de donación de la imagen hecha por el pueblo y ante esta prueba tan rotunda inclinó al jurado de forma palmaria y convincente a reconocer de nuevo el derecho y propiedad que poseían las religiosas. El Alto Tribunal falló a su favor y el Obispo amenazó con excomunión a los que no aceptasen la sentencia.

Desde entonces nadie se ha atrevido a disputar a las mojas tal derecho, porque la escritura a su favor subsiste. Este documento basta por si solo para desbaratar todos los reparos que puedan oponerse.

No obstante, el último año del siglo pasado, - nunca faltan disidentes –hubo quien renovó un tema que ya estaba resuelto hacía más de dos siglos. No tuvo éxito por lo trasnochado y absurdo. De ahí que no merezca comentario.

Claro que disidencias y problemas, donde las ha habido normalmente han sido entre el párroco y el capellán de Cristo, sobre la presidencia de los actos, teniendo que dictar la curia eclesiástica de Plasencia a favor del capellán. Esto sucedió en el día 16 de marzo del año 1709. En el año 1879, otra vez surge el problema. Esta vez estaba de obispo don Pedro Casas y Souto, el cual confirma la presidencia al capellán y ratifica que las religiosas están exentas de la jurisdicción parroquial en la funciones de su iglesia, estando solamente sujetas al obispo de la diócesis.

LICENCIAS PARA OBTENER
LA FUNDACIÓN DEL CONVENTO

Terminado el traspaso de la propiedad de la imagen del Cristo de la Victoria del pueblo a las Religiosas Agustinas, en la persona del padre Francisco Ignacio del Castillo, éste, terminada su misión en Serradilla, partió para Plasencia y Madrid para obtener las licencias eclesiásticas y civiles necesarias para la fundación de la comunidad religiosa.

No fue fácil. Al principio todas sus gestiones fracasaron. Nadie daba un maravedí para su aprobación. Poco antes se habían restringido los permisos e incluso prohibido conceder ninguno nuevo a las órdenes religiosas. De ahí la dificultad de conseguir permiso para el convento de Serradilla.

La razón principal era ésta: Que un pueblo tan pequeño no tenía recursos económicos para mantener el convento. Y más, al ser una comunidad de clausura, no tienen la condición de mendicantes.

El primero que se opuso a dar la licencia fue el Obispo de Plasencia, don Luis Crespo de Borja, embajador que fue del Rey Felipe IV en Roma. Aunque no residía en su sede, consideró prudente no conceder el permiso, dados los pocos recursos con que contaba la nueva fundación.

Tampoco le fue mejor al Padre Francisco en Madrid. El Consejo Supremo de Castilla y del Reino también se negó a dar la licencia para la nueva fundación.

Las mismas razones: falta de recursos y penuria de medios para que pudiese vivir la comunidad en Serradilla, lugar escogido para la fundación.

No se podía fundar un convento sin tener de qué sustentarse ni poder pedir limosna por ser de clausura. Todo esto eran razones humanamente explicables para cerrar las puertas al intento del Padre Ignacio del Castillo.

Y como no quedaba un mínimo resquicio abierto para la esperanza de tejas abajo, no quedaba otro recurso que levantar el corazón y la mirada a lo alto, deseando que se abriesen los cielos por medio del único medio infalible: la oración humilde, confiada, devota y perseverante.

Y si "*la oración todo lo alcanza*" y "*el que pide, recibe*", la oración del Padre del Castillo, de la Beata Francisca y las religiosas de Arévalo, hicieron posible el milagro.

Doña Francisca Mateos Rodríguez, fundadora de la Cofradía del Cristo de Serradilla en Madrid (1959), el día de la inauguración de la capilla en San Millán y San Cayetano, (1970)

APRUEBA EL OBISPO

Porque providencial fue lo que cuenta el mismo prelado placentino, quien dice que rezando maitines en la Santa Iglesia Catedral de Plasencia, la Noche de Navidad, le estorbaba a su recogimiento y devoción una voz como de trompeta que le decía al oído:

"Da la licencia, da la licencia que le ha pedido este religioso para la fundación".

Al principio sospechó que podría ser engaño del demonio, pero considerando que también podía ser inspiración divina, ya que cuanto más resistía, más crecía el ruído y la voz, resignó su voluntad con la de Dios, diciendo:

"Señor, si es gusto vuestro, desde luego hago propósito de dar la licencia para la fundación".

Cesó de oír aquella voz y siguió su rezo sin distracciones. Al día siguiente despachó favorablemente la solicitud y otorgó la licencia solicitada. El obispo Crespo firmó la licencia para la nueva fundación el 25 de enero de 1659. Habían pasado dieciocho años de la llegada del Cristo de la Victoria a Serradilla. Un largo recorrido, lleno de dificultades.

Todo había sido obra de Dios que por intrincados vericuetos había hecho resaltar su Divina Providencia, para que ese convento se fundase en Serradilla.

Mientras tanto, sin perder tiempo y antes de la aprobación oficial de la autoridad eclesiástica y civil, para la fundación del Convento, Francisca de Oviedo se había puesto a edificar tanto la capilla del Cristo como el hospital. Tan convencida estaba que el permiso para la fundación del convento de religiosas agustinas recoletas, llegaría a concederse.

Esta afirmación se deprende del siguiente documento:

COPIA DEL DOCUMENTO EN QUE
FRANCISCA DE OVIEDO TRATA DE
LAS OBRAS DEL HOSPITAL Y DEL COVENTO

Francisca de Oviedo, vecina de esta villa de la Serradilla, como mejor lugar haya. Parezco ante su merced, y digo: Que por cuanto de muchos años a esta parte, yo he trabajado para fabricar una iglesia, que tengo acabada, y en ella he colocado la santa imagen del santo Cristo de la Victoria, donde se celebran muchas misas y hay grandes concursos de gente de toda esta tierra, por causa de devoción y de grandes beneficios que los fieles han recibido por medio de esta santa imagen, y agora actualmente estoy pretendiendo que para mayor devoción y veneración de esta santa imagen y que esté con los adornos necesarios, he alcanzado licencia para que vengan a asistir a esta santa imagen unas monjas agustinas recoletas, y a fundar un convento. Las que asiste el padre predicador fray Francisco Ignacio, de la villa de Madrid. Y tengo justamente hecho el convento con bastante vivienda de cuartos y celdas, con dos coros alto y bajo, que confinan con dicha iglesia del santo Cristo; las cuales dichas obras no son hospital, ni tienen dependencia de él, que solo han sido fabricadas para este fin referido, porque el hospital que yo tengo hecho para los pobres y enfermos, lo tengo acabado y hecho más de un tiro de escopeta de dichas obra y en otro sitio, donde hoy se hospedan los pobres, muy aparte e independiente la una obra de la otra; y porque para dicho fin, tengo necesidad de un testimonio de todo lo referido, pido a vuestra merced que los escribanos que están en esta villa, con asistencia de vuestra merced vean dichas obras y den el testimonio firmado y autorizado con signo, de forma que haga fe en juicio y fuera de él, el cual pido para que el dicho padre le presente a su majestad y señores de su consejo real. Pido Justicia.

Francisca de Oviedo y Palacios.

Y el alcalde atiende diligente la petición de la Beata y lo testifica así ante notario público:

Que atento lo contenido en la petición de la Venerable Francisca de Oviedo y Palacios, es cierto y verdadero, los escribanos del número desta villa dan testimonio...
"Que la susodicha pide, con distinción y claridad de la verdady ante todas las cosas su Merced verá dichas obras de la Iglesia y Hospital lo proveyó su

Merced por Juan de Solis, Alcalde Ordinario en esta villa de la Serradilla; en ella a once días del mes de Julio, de mil y seiscientos y cincuenta y nueve años.

Y lo firmé.- Juan de Solís
Ante mí: Sebastián Mateos

Y los escribanos de número dan también su testimonio:

Nos, Juan Mateos y Sebastián Mateos, escribanos públicos del número de esta villa de la Serradilla con aprobación Real. Certificamos y damos fe como hoy, día de la fecha, en presencia de su merced, Juan de Solís, alcalde ordinario de esta villa, fuimos a la iglesia del santo Cristo de la Victoria, desta villa, donde se dicen de ordinario cada día seis misas; y junto a la dicha iglesia está fabricado un convento, con mucha vivienda de cuartos y celdas, con dos coros, el uno alto y el otro bajo. En dicho convento está una cisterna, y su huerta; todo lo cual es público y notorio en esta villa; está fundado y se ha edificado para que entren en él unas monjas Agustinas Recoletas y en esta dicha fábrica no hay hospital ninguno, ni en el dicho convento e iglesia del santo Cristo de la Victoria tiene dependencia con él.

Porque este convento y dicha Iglesia está muy distante del hospital, el cual labró y edificó la Madre Francisca de Oviedo y Palacios, en esta villa, para recoger los pobres. El cual dicho hospital está distante de dicho convento e iglesia del Santo Cristo de la Victoria, doscientos pasos.

Y para que lo susodicho conste, de mandamiento de su Merced, el dicho Alcalde, que aquí firmó: Juan de Solís. Y de pedimientos de la dicha Francica de Oviedo, dimos el presente en la villa de la Serradilla, a quince días del mes julio, de mil y seiscientos y cincuenta y nueve años.

Ante mí Sebastián Mateos.
En testimonio: Juan Mateos.

OPOSICIÓN CIVIL

La autoridad *eclesiástica* ya había dado el permiso para la fundación del convento de Religiosas Agustinas Recoletas en Serradilla, sin embargo la autoridad *civil* aún permanecía remisa en otorgar el permiso. A pesar del informe favorable del Corregidor de Plasencia, Dr. Francisco de Laredo, a quien el Rey había pedido una información objetiva, real y sincera sobre la situación y circunstancias que acompañaban la supuesta fundación del convento de Serradilla, informe remitido al Fiscal del Consejo Real el 8 de agosto de 1659. Éste, al estudiar minuciosamente el capítulo de las dotes, rentas y demás capital presentado como garantía para cubrir las posibles eventualidades de las monjas que algún día residiesen en el convento, **juzgó de justicia denegar la licencia de fundación por estimar insuficientes y aleatorias algunas cantidades señaladas**. Así se cerraban las puertas al permiso real con este dictamen del Fiscal General, fechado en Madrid, el 28 de agosto de 1659.

Firmado: Dr. Cantero.

PETICIÓN AL REY

Pero el Padre Ignacio del Castillo, tan tozudo como la beata, no se da por vencido y escribe una petición directamente al Rey, con los documentos recogidos en la villa por la Beata. La copia de ese documento se conserva en los archivos del convento de Serradilla. Dice así:

Fray Francisco Ignacio, de la orden de san Agustin, en virtud del consentimiento que tiene del consejo, justicia y regimiento desta villa de la Serradilla, diócesis de la ciudad de Plasencia. Dice: Que en la dicha villa hay una imagen de un santo Cristo que llaman de la Victoria, de gran devoción y milagros, que es copia del que está en el camarín de nuestra Señora de Atocha. Tuvo su origen en la piedad y devoción de Francisca de Oviedo y Palacios, que le dio a dicha villa con pretexto que en ella hubiese un hospital, e hizo capilla de iglesia, donde el santo Cristo fue colocado con gran devoción, aplauso y acompañamiento de religiosos y sacerdotes de los lugares comarcanos, donde su divina Majestad ha hecho muchas maravillas y milagros. Para lo cual, y sin hallar sitio ni casas para la fábrica de la iglesia y entregar el santo Cristo a la dicha Francisca de Oviedo (que se le tenían en la dicha ciudad de Plasencia concurrió el inquisidor general, siendo obispo de aquella ciudad, y por haber parecido a la villa y sus vecinos, y otras personas devotas, que en el hospital no estaría esta santa imagen con la devoción, decencia y reverencia que se debe. Ni con al adorno del culto divino que requiere, la dicha villa, con consentimiento de la dicha Francisca de Oviedo, quiere que se haga una fundación de un convento de monjas descalzas agustinas recoletas, y se han hecho iglesia y casa para vivienda de dichas religiosas, con calidad que las primeras fundadoras hayan de salir del monasterio de monjas de la misma religión, que están en la villa de Arenas, de que tiene licencia el obispo de Plasencia y del prelado de dicha religión. Y por ser muy necesario este convento en la dicha villa y su comarca, por no haber otro en aquel territorio donde puedan entrar doncellas en religión, que lo dejan de hacer por no apartarse de sus padres y parientes, ni salir de su natural. Y para ello, se hallan con más de doce mil reales de renta, que consiste en censos de por vida y cantidad considerable de corridos para emplear, y con ornametos bastantes y otros adornos del culto divino para la iglesia. Y demás de esto, la devoción es tan grande, que los lugares cada día lo van aumentando con muchas limosnas que dan; y por ahora sólo habrá seis religiosas, y confiando en nuestro Señor, que con las dotes de las que entraren de nuevo, la renta ha de ir creciendo y tener lo necesario para su sustento. Suplico a V. A. que, porque el reino en las últimas cortes, prestó consentimiento para hacer la dicha fundación, en consideración del beneficio tan grande que se sigue a la dicha villa y demás lugares y vecinos, y a la necesidad que habrá de la fábrica deste convento de religiosas, se sirva V. A. de hacerles merced de darles licencia para que puedan hacer la dicha fundación, en la forma referida dicha; pues todo ha de resultar en servicio de nuestro Señor y en aumento de su religión y en beneficio de dichos vecinos.

Este era el último clavo ardiendo al que se agarraba el Padre Ignacio del Castillo y la Beata Francisca de Oviedo. Dispararon el último cartucho después de cinco años de gestiones y embarazos. Si este intento fallaba, todo se iría al garete.

Se redoblaron las plegarias, implorando la intervención de la Divina Providencia, la única que podía sobreponerse a los designios humanos. Y como Dios nunca falla, movió el corazón del Monarca para que aprobase la petición del Padre Ignacio.

EL REY APRUEBA LA FUNDACIÓN

Esta petición del fray Ignacio del Castillo inclinó al Rey Felipe IV a conceder las licencias de la fundación del Convento de Religiosas Agustinas Recoletas en Serradilla. Y lo firma en Madrid a 5 de octubre de 1659, unos veinte días antes de la muerte de la Beata. Francisca de Oviedo, con la real aprobación, podía morir tranquila. El documento dice así:

"Dieciséis reales. Sello primero. Dieciséis reales. Año de mil y seiscientos y cincuenta y nueve".

"Por cuanto por parte de vos, fray Francisco Ignacio, religioso de la orden de san Agustín, me ha sido hecha relación, que en la villa de la Serradilla hay una imagen de un santo Cristo, que llaman de la Victoria, de grande devoción y milagros, que es copia del que está en el camarín de Ntra. Señora de Atocha y ha tenido su origen en la piedad y devoción de Francisca de Oviedo y Palacios, que le dio a la dicha villa con pretexto de que en ella se hubiese de hacer un hospital para curar los pobres y enfermos, para lo cual vendió su hacienda y juntó en la villa de Madrid y en otras partes algunas limosnas, con que comenzó a fabricar el dicho hospital y hizo capilla de iglesia donde el santo Cristo ha sido colocado con grande devoción, aplauso y acompañamiento de religiosos y sacerdotes de pueblos comarcanos, donde su Majestad ha hecho muchas maravillas y milagros, para lo cual y señalar sitio y casas para la fábrica de la iglesia y entregar la dicha imagen del santo Cristo a la dicha Francisca de Oviedo, que se la tenían en la dicha ciudad de Plasencia, concurrió el muy reverendísimo padre inquisidor general, siendo obispo de ella y por haber parecido a la dicha villa de Serradilla y a sus vecinos y a otras personas doctas, que en el hospital no estaría esta santa imagen con la devoción, decencia y reverencia que se debe, ni con el adorno del culto divino que se requiere, la dicha villa con consentimiento de la dicha Francisca de Oviedo, ha tratado que se haga una fundación e un convento de monjas descalzas agustinas recoletas, y se ha hecho iglesia y casa para su vivienda, con calidad que las primeras fundadoras hayan de venir del

monasterio de monjas de la misma religión que está en la villa de Arenas, de que tenía licencia del obispo de dicha ciudad y del prelado de dicha religión. Y el dicho convento es muy necesario en la vida de dicha villa y su comarca, por no haber otro en el territorio donde puedan entrar en religión muchas doncellas, que lo dejan de hacer por no apartarse de sus padres y parientes, ni salir de su natural, y para ello se han juntado personas devotas que han ofrecido veinte mil novecientos y dos reales de renta de por vida, de que hay cantidad considerable de corridos para emplear y también hay ornamentos bastantes y otros adornos del culto divino para la iglesia. Y además de esto, la devoción de los lugares es tan grande, que cada día lo van aumentando con muchas limosnas que dan, y por ahora sólo ha de haber seis religiosas, y para adelante se irán acrecentando las rentas con las dotes de las que entraren de nuevo y siempre irá creciendo, con que tendrán lo necesario para su sustento.

*Suplicándome que teniendo consideración al beneficio tan grande que se sigue a la dicha villa y sus vecinos y demás lugares comarcanos lo he tenido por bien, y por la presente teniendo consentimiento del juez eclesiástico, y del prelado de dicha religión y de la dicha villa, doy y concedo licencia a vos, el dicho fray Francisco Ignacio, para que podáis erigir y fundar el dicho convento y casa de monjas descalzas recoletas de la orden de san Agustín, en la dicha villa de la Serradilla, y en virtud de esta mi cédula, proseguir y acabar la dicha fundación que tenéis empezada para el dicho monasterio, y en su conformidad mando al consejo, justicia y regimiento de la dicha villa os dejen y consienta a vos y a las personas que tuvieren vuestro poder hacer la dicha fundación y proseguir y acabar la obra de ella, sin que puedan poner embarazo ni otro impedimento alguno, sin embargo que se ha empezado sin haber primero precedido licencia mía para ello y cualesquiera leyes y pragmáticas de estos mis reinos y señoríos, ordenanzas, escritos, uso y costumbre de la dicha villa, cédulas, promisiones reales o condiciones de millones y otras cualquiera cosas que haya o pueda haber en contrario, con todo lo cual habiéndolo aquí por inserto e incorporado como si **"verbum ad verbum"** para en* (palabra incomprensible) *cuando toca y por esta vez dispenso y lo abrogo y derogo, caso y anulo, y doy por ninguno y de ningún valor y efecto, quedando en su fuerza y vigor para en lo de más adelante, y esta merced os hago atento a que el reino junto en cortes en las que se disolvieron en veinte tres de diciembre del año pasado, de mil seiscientos y cincuenta y ocho, por acuerdo suyo del veintidós de octubre del mismo año, prestó consentimiento para ello, disponiendo por lo que les toca, con las* *condiciones de millones que lo prohíben y declaro que de esta merced habéis pagado el derecho de la media anata, y mando a los de mi consejo, residentes y oidores de mis audiencias y cancillerías y a otros cualesquier mis jueces y justicia de estos mis Reinos y señoríos, que os guarden y cumplan y hagan guardar y cumplir esta mi cédula y lo en ella contenido.*

Fecha, Madrid, a seis de octubre, de mil seiscientos y cincuenta y nueve años.

Yo, el Rey

Por mandato de Rey nuestro Señor
Antonio Carnero.

Para que fray Francisco Ignacio, religioso de la orden de san Agustín, pueda fundar un monasterio de monjas recoletas descalzas agustinas, en la villa de la Serradilla, halo consentido el Rey

¿No es esta acción del Padre Ignacio del Castillo suficientemente meritoria para que Serradilla le preste alguna atención a su denodado esfuerzo en favor del pueblo, y tenga un reconocimiento oficial que exprese la gratitud de la villa? Pedimos justicia.

TRIUNFO DE LA FE

Dos titanes de la oración y del esfuerzo personal destacan en esta obra que enorgullece a Serradilla y a tantos devotos de la imagen: su Cristo de la Victoria y su Convento de Madres Agustinas Recoletas. Y esos dos titanes de la oración y del esfuerzo personal fueron:

La Beata Francisca de Oviedo y Palacios y
Fray Francisco Ignacio del Castillo.

Porque hay que tener carácter y personalidad para sobreponerse a cada tropiezo, superar cada dificultad, arrostrar tantos impedimentos e incomprensiones, admitir tantas humillaciones y desprecios, mantener con ánimo firme y callado tantas diligencias fallidas, permanecer ecuánime en tantos desafíos, hasta conseguir el objetivo final, es de almas grandes y generosas, de seres privilegiados y elegidos de Dios. Y estos dos personajes lo fueron, formando una pareja ideal, un *tandem* perfecto: la beata Francisca de Oviedo y el Padre Ignacio del Castillo.

Por ello merecen un digno y oficial reconocimiento por parte de todos los serradillanos y devotos del Santísimo Cristo de la Victoria.

REQUISITOS EXIGIDOS

Tenemos que consignar el requisito que había puesto la fiscalía real: Que menos que hubiese dos mil ducados de renta no tenía que cansarse en solicitar la licencia. La Providencia Divina movió los corazones de personas piadosas, y sin pedir nada a nadie, sin saber como se juntaron los dos mil ducados de renta, se reunió esa cantidad. Pero se supo después que don Diego de Arce y Reinoso, ya Inquisidor General, dio doscientos ducados de renta cada año, por todos los días de su vida, haciendo escritura pública de obligación para ello. Y por otra parte, don Fernando Ruíz de Contreras, a ejemplo de don Diego de Arce, hizo otra escritura de la misma cantidad y tenor. Pero faltaban otros doscientos ducados. Parece que Dios movió el corazón de dos labradores de un lugar junto a Serradilla, quienes llamando al religioso dijeron querían dar cada uno los doscientos ducados que faltaban. Hicieron escrituras de obligación, hipotecando sus bienes. Pero el religioso Ignacio no quiso admitirla por tener hijos. Valuaron toda su haciendo y viendo cabía en el quinto la paga de los doscientos ducados, admitió la escritura y ajustó los dos mil ducados de renta. Sin embargo surgieron disgustos entre las esposas de los labradores por lo que habían hecho o ya porque los hijos les decían les quitaban la hacienda para dar a las religiosas o ya porque los vecinos les motejaban que teniendo su hacienda libre la habían hipotecado. Sabido esto por Fray Ignacio, se fue al lugar y canceló las escrituras sin haber cobrado ni un solo maravedí. Lo mismo ocurrió con los dos señores que habían suscrito las escrituras. Con lo cual quedo patente que la fundación del Convento de Serradilla era obra exclusiva de Dios y las escrituras sólo sirvieron para sacar las licencias, como hemos descrito antes.

La Beata ya había recibido lo últimos sacramentos cuando la notificaron la aprobación del Rey. Así pudo repetir las mismas palabras que el anciano Simeón: *"Ahora ya puedes sacar de este mundo a tu sierva en paz"*.

TESTAMENTO DE LA BEATA

La Beata siente cercano su fin. Agotada y envejecida, decide hacer testamento el 16 de octubre de 1659. Sus facultades físicas y mentales han sufrido un bajón considerable. Nada extraño en una vida tan ajetreada y activa como la que llevó esta fabulosa mujer, incansable, luchadora y heroica. El cuerpo rinde homenaje a la condición humana con el paso de los años. La enfermedad y la muerte es el final de todo ser nacido. Siente cercano su fin y la Beata hace testamento. Dice así:

IN DEI NOMINE. AMEN. *Y sepan cuantos esta carta de testamento, última y postrera voluntad vieren que Francisca de Oviedo y Palacios, Tercera de la Orden de Ntro. Padre San Francisco, vecina de esta villa de la Serradilla, enfermé en la cama de la enfermedad que Dios nuestro Señor fue servido de mandar, y en mi buen juicio y entendimiento y cumplidamente creyendo, como firmemente creo, el misterio de la Stma. Trinidad, Padre y Hijo y Espíritu Santo, Tres Personas y un solo Dios verdadero, y en todo cuanto cree y confiesa la santa Madre Iglesia Católica y Romana, temiéndome de la muerte que es natural a toda humana criatura, y deseando poner mi alma en carrera de salvación, tomando como tomo por intercesora y abogada a la Virgen Santa María, Madre de Dios*
OTORGO que hago y ordeno mi testamento, última y postrera voluntad en la forma y manera siguiente:
Primeramente encomiendo mi alma a Dios Ntro. Señor, que la crió y redimió con su preciosa sangre y quiero que mi cuerpo sea sepultado en la iglesia del Santo Cristo de la Victoria de esta villa, en la sepultura que en ella tengo señalada.
Item. Mando que el día de mi entierro si pudiérase celebrar, y si no, luego el día siguiente, se me diga una Misa de Réquiem cantada con ministros y su vigilia de tres lecciones, y que este día digan Misa por mi alma todos los sacerdotes de esta villa y se hagan ofrendas de pan, vino y cera en la forma acostumbrada.

Item. Que el día de mi cabo de año se me digan otras tantas misas y hagan los mismos oficios que el dicho día de mi entierro.

Item. Mando se me diga una Misa en el altar de indulgencia de San Martín de Gaete, en la ciudad de Trujillo, y otra en el privilegiado de Ntra. Señora del Perdón que está en Santa María la Mayor de la ciudad de Plasencia. Y otra que pido por amor de Dios a los PP. de la Compañía de Jesús, de la ciudad de Plasencia en el altar de Santa Ana del colegio de ella.

Item. Mando que se me digan nueve Misas de Réquiem cantadas por mi alma en nueve días continuos en el altar de Ntra. Señora del Rosario de esta villa.

Item. Mando se digan por las ánimas benditas del Purgatorio cinco misas.

Item. Mando a la Cofradía del Stmo. Sacramento de esta villa cuatro reales, y a la de los benditos Mártires seis reales, y a la de las benditas ánimas del Purgatorio dos reales, y a las demás cofradías de esta villa, dos reales a cada una y a las obras pías dos reales y a los Santos Lugares un real, todo por amor de Dios.

Item. Mando que antes de entregar al P. Fray Francisco Ignacio la madera que tengo y la traída ahora últimamente para la fábrica del convento de monjas que está comenzado en la dicha iglesia del Santo Cristo de la Victoria de dicha villa, pague todos los maravedis que faltan y he pagado yo hasta ponerla donde está para que de ellos se paguen a mi prima Catalina Sánchez, mil y ochocientos reales que la debo por tantos que me ha prestado para pagar dicha madera.

Y asimismo mando pague dicho Padre Francisco todos los maravedis que declarase Sebastián Pérez, maestro de canterías y vecino de la ciudad de Trujillo, haber gastado yo en el dicho convento después que hice la donación dicha y habiendo cobrado este dinero y lo que se me está debiendo en el servicio real de Trujillo, mando que todo ello y de las demás limosnas que tengo y he juntado, se fabrique un hospital para pobres enfermos de esta villa por haberse dado y pedido dichas limosnas para dicho efecto. Que si por algún accidente no se fabricase dicho hospital, es mi voluntad se convierte en una obra pía y la mitad de la renta que se situase sea para pagar a pobres huérfanos de esta dicha villa y la otra mitad se diga de misas por las benditas almas del Purgatorio para cuyo efecto desde luego nombro por patrono de dicha obra pía al Bachiller Juan Sánchez, Cura Teniente de esta dicha villa y después le suceda en el dicho patronato el Teniente de Cura más antiguo. Y dejo a disposición del patrono el dar los dotes a dichos huérfanos según la renta que se situase para dicho efecto. Y para renta de dicho hospital si se hiciere, desde luego adjudico y señalo todas las escrituras que tengo, que se haga inventario de las que son, y si no se hiciere dicho hospital es mi voluntad sean para renta de dicha obra pía.

Item. Mando una cama de ropa a Isabel Gómez, moza, hija de Andrés Gómez, Sastre, vecina de esta villa.

Y otra cama de ropa a Ana Gómez, hija de Isabel Gómez, viuda de Juan López Recuero, vecina de esta villa. Todo por amor de Dios. Y cada una de las dichas camas lleve un colchón, dos sábanas, una manta y dos almohadas.

Item. Mando una camisita al niño de María Gómez, la Redonda. Y tres varas de lienzo a los hijos de Juan Sánchez Deogracias, vecino de la villa de Torrejón. También por amor de Dios.

Item. Mando a la hija mayor de Magdalena, de María Isabel, una sábana mediana y a la Recuera, viuda de Juan Sánchez, la mando paño verde oscuro para su sayuelo. Y a dos hijos, los menores que tiene, paño para hacerlos a cado uno un faldón y ropilla.

Y a dos hijas de García Torrejón, difunto, las mando a cada una, paño verde para un sayuelo. Y a Isabel Gómez y a Ana Rodríguez, que están en mi compañía, mando a cada una, una mantilla de paño azul. Todo por amor de Dios.

Item. Mando que todo lo que dijere la dicha Ana Rodríguez ser mío, se ponga por inventario para cualquiera de las cosas referidas que mando se hagan. Y a la susodicha no se lo tome cuenta de más de lo que la susodicha dijere ser mío. Y que si no entrare monja en el convento, como ha ofrecido al Padre Fray Francisco Ignacio, mando se la paguen veinte ducados cada año de veinte que ha estado en mi compañía, asistiéndome en todas mis enfermedades y trabajos y sirviéndome en la Iglesia del Santo Cristo.

Item. Mando a la dicha Isabel Gómez, una jerga buena que tengo en mi cama por lo bien que así mismo me ha asistido y por amor de Dios.

Item. Mando a Clara Gómez y Pablo Pérez, hijos de Sebastián Pérez, maestro de cantería en Trujillo, dos camisitas a cada uno, la suya también por amor de Dios.

Item. Mando a la dicha Ana Rodríguez una alquitara de las que tengo con cubierta de plomo.

Item. Mando a Fabián Gómez, viejo, ocho reales, por amor de Dios.

Item. Mando a María Pérez, Hospitalera, una camisa mediana, también por amor de Dios

Y para cumplir y pagar este mi testamento y las mandas y Misas y legados en él contenidos, dejo y nombro por mis testamentarios y albaceas y ejecutores de él, al Bachiller Lorenzo Sánchez, Cura Teniente de esta villa y el Licenciado Alonso Martín Presbítero y a Diego Sánchez Barbero y Martín Caballero, todos vecinos de ella y a los cuales y a cada uno in solidum *doy poder cumplido para que entren y tomen todos mis bienes y de lo mejor y más bien parado de ellos, vendan en público almoneda ofertándola como les pareciere, y de su valor cumplan y paguen todo lo aquí contenido, y cumplido y pagado todo, es mi voluntad se cumpla y ejecute; de lo demás que quedare lo que he ordenado. Y por este mi testamento revoco y doy por ningunos y de ningún valor ni efecto todos y cualesquiera otros testamentos anulo y codizilos que antes de este haya hecho y otorgado, por escrito o de palabra, pues ninguno quiero que valga, sino éste que al presente hago y otorgo, el que quiero que valga por mi testamento y codizilo y por mi última y postrera voluntad den aquella vía y forma que en derecho más lugar haya en testimonio de lo cual lo otorgo así ante el presente escribano en la villa de la Serradilla a diez y seis días del mes de octubre de mil y seiscientos cincuenta y nueve años. Siendo testigos Lorenzo García, Juan Rosado Barroso y Gregorio Núñez Maeso, vecinos de esta villa, y la otorgante que yo el escribano doy fe la conozco pidió que por la gravedad de su enfermedad no se atrevía a firmar y por dicha causa rogó a un testigo que firmase por ella.*

T. Juan Rosado
Ante mí, Pedro González.

(Este testamento se encuentra en el Convento de las MM. Agustinas de Serradilla, en papel timbrado. Treinta y cuatro maravedís. Sello tercero, treinta y cuatro maravedís. Año de mil seiscientos y sesenta.)

CODICILO AÑADIDO

Hay después un CODICILO que dice así:

En la villa de Serradilla, a diez y siete días de octubre de mil y seiscientos cincuenta y nueve años, Francisca de Oviedo y Palacios, vecina de esta villa, enferma de la enfermedad que Dios Nuestro Señor fue servido de la dar y en su buen juicio y entendimiento y cumplida memoria, por ante mí el escribano y testigos, dijo que ella tiene hecho y otorgado ante mí su testamento y demás de lo y que en él contiene dispuesto y ordenado, ahora, por vía de codicilo en la forma que más haya lugar en derecho, manda y mandó que la casa en que al presente vive, el macho de cargo que tiene no se venda, porque su voluntad es que la casa la viva por su vida Isabel Gómez, que con la otorgante al presente vive y asiste para que cuide de todos los ornamentos de la Iglesia del Santo Cristo, como siempre lo ha hecho, y de que en el dicho macho de carga se vaya a pedir por los lugares del obispado la limosna para la fábrica del Santo Cristo, y haga limpieza de su iglesia. Y si Ana Rodríguez que también vive y asiste con la otorgante, no entrase monja en el dicho convento fabricado, es su voluntad así mismo viva en la dicha casa con la dicha Isabel Gómez. Para que cuide así mismo de la limpieza de la dicha iglesia y guarde sus ornamentos, en testimonio de lo cual lo otorga ante mí el presente firmo siendo testigos Bartolomé Mateos Carvajal, Sebastián Hernández Canas y Alonso Sánchez Tomás, vecinos de esta villa y la otorgante que yo el escribano doy fe conozco, dijo que por la gravedad de su enfermedad no se atrevía a firmar, por cuya causa rogó a un testigo lo firmase por ella.

Bartolomé Mateos Carvajal.
Ante mí. Pedro González.

Yo, PEDRO GONZÁLEZ, escribano público, del número de esta villa de la Serradilla, por merced del Rey Ntro. Señor; presente a los otorgantes y de que en mi poder quedan en papel del sello corriente con los cuales concuerda este traslado que en fe de ello signé y firmé en la Serradilla a tres días del mes de abril de mil y seiscientos y sesenta años.

En testimonio de verdad.
Pedro González.

Procesión por las calles del pueblo en su salida, año 1970. El párroco de Torrejón el Rubio tiene el privilegio de portar la Cruz auténtica.

MUERTE DE LA BEATA

La Beata no llegó a presenciar la llegada de las primeras religiosas. No existe fecha exacta de su fallecimiento. Pero debió ser a finales de octubre.

Dios, en sus ocultos designios, se la llevó a su seno unos sietes meses antes de la toma de posesión de las primeras religiosas del convento por ella fundado. Envejecida y agotada, con tantos trabajos a sus espaldas, y acompañada de dos mujeres que le ayudaban en su enfermedad y la sirvieron en la iglesia del santo Cristo, Isabel Gómez y Ana Rodríguez, pasó a mejor vida en la oscuridad del silencio pero con la conciencia tranquila del deber cumplido.

El hospital estuvo en funcionamiento, dotado de médicos, enfermeras y farmacia, hasta que las tropas francesas arrasaron Serradilla en 1809 y destruyeron también el hospital. Durante 170 años prestó los servicios adecuados para los más pobres del pueblo.

Hoy sólo queda el nombre de la *Calle del Hospital,* a un tiro de escopeta, como ella dijo, del Santuario del Cristo. El hospital cumplió ampliamente por ese tiempo con los deseos de la Beata, quien, adelantándose a San Juan de Dios, Isabel Hungría o Teresa de Calcuta, veía en los más pobres el rostro de mismo Jesucristo, sin el impacto mediático de los medios informativos de hoy. Su vida quedó oscurecida en el olvido ante los hombres, pero no ante la presencia de Dios.

LA INFLUENCIA DE LA BEATA

La historia de Serradilla esta escrita bajo la influencia del Cristo de la Victoria y su Convento. Ninguna otra persona o institución ha tenido tanta repercusión en el devenir histórico y religioso de Serradilla como estas dos entidades que han resultado transcendentales y han cubierto de fama y gloria a Serradilla, sin interrupción, a lo largo y ancho de casi cuatro siglos.

La vida de los serradillanos ha girado en torno a su Cristo y su Convento. Sin ellos no hubiera sido más que un pueblo perdido en la Alta Extremadura, arrinconado en el triángulo entre la sierra de Santa Catalina y el río Tajo, falto de comunicaciones y aislado de toda posibilidad de progreso y civilización. Quizás por eso ha podido conservar sus ricas tradiciones ancestrales y su dialecto lingüístico peculiar, legado de la repoblación astur-leonesa, durante la Reconquista. Sin embargo, a pesar de su arraigo al terruño, ha estado siempre abierto a las visitas que hacían a su Cristo tantos y tantos miles de peregrinos de todas partes que han llegado, llenos de fervor y devoción a besar o postrarse ante la imagen del Cristo de la Victoria.

No poca culpa tuvo también en ello el Padre Fr. Simón de San Agustín, Vicario General de los Agustinos Recoletos, quien después del Padre Ignacio del Castillo en el cargo de capellán, dirigió en nombre de las religiosas la obra de los retablos de la iglesia en tiempos de la Madre Priora Mariana de Cristo, cuya conciencia dirigía antes de entrar religiosa cuando vivía en Logrosán. El Padre Simón propagó la devoción al Cristo por Extremadura y Castilla y sobre todo por Madrid, siendo causa de que muchos nobles y aristócratas viniesen en romería al santuario y de que muchas hijas de familias distinguidas tomasen el hábito en el convento de Serradilla. Otros capellanes serradillanos distinguidos de entonces lo fueron con una dedicación ejemplar y ambos Comisarios del Santo Oficio, fueron don Diego Sánchez y don Bernardo Solís y Céspedes.

LA NOBLEZA SE VUELCA
FAVOR DEL CRISTO

Fueron incontables las personas de la alta alcurnia que vinieron en romería a Serradilla a postrarse bajo las plantas del Cristo de la Victoria y a pedirle su protección y ayuda, a la vez que dejaban importantes donaciones al Convento.

Sin embargo, hemos de advertir algo muy importante. Y es que de todas aquellas dádivas, actualmente apenas queda un quinta parte en el monasterio serradillano.

La Revolución Francesa arrasó con la mayor parte de sus riquezas. Las monjas bastante hicieron con salvar la sagrada imagen del Santo Cristo y huir a pie al otro lado del río Tajo, después de pasar en una barca, llevándose lo poco que pudieron y contemplando desde la finca *"Los Casares"*, llorando y rezando, cómo ardía su amado convento. Los franceses incendiaron el pueblo, fusilaron a algunos pobladores y saquearon el convento de todas las riquezas artísticas que encontraron a su paso. Los claustros altos estaban llenos de cuadros y preciosas pinturas. Los que no pudieron llevarse fueron devorados por el fuego. Había además muchas imágenes del Niño Jesús y de la Virgen que fueron reducidas a cenizas, al igual que muchos ornamentos sagrados, ropas y alhajas de valor. Todo lo que pudieron se lo llevaron consigo los franceses. Para confirmarlo no hay mas que darse una vuelta por el Museo del Louvre de Paris. Allí encontrarán innumerables piezas religiosas de valor artístico precedentes del saqueo de España. Entre ellas, sin duda alguna, estarán las que se llevaron del Monasterio de Serradilla.

Lo que vamos a indicar ahora fue lo que el convento **tuvo**, no lo que ahora **tiene**.

A modo de ejemplo, estas son algunas de esas personas que donaron bienes, según narra el agustino Padre Eugenio Cantera en su **Historia del Santísimo Cristo de la Victoria** . Granada, 1922, págs 120-132

Don Feliciano Cerdán y su mujer, Isabel de Vivancos, de Madrid, vinieron en romería cinco veces e hicieron regalos y limosnas en metálico.

Don Pedro Jáuregui y doña María de la Fuente Arratia, su mujer, vecinos de Madrid, vinieron en romería a visitar el santo Cristo cuatro veces y regalaron dos ternos y otros objetos y cercaron a su costa la huerta del Convento.

La Madre María de Cristo, nombre que tomó en religión doña María de la Fuente Arratia, dejó todos sus bienes al Convento por testamento hecho antes de profesar, sufragó los gastos de los retablos de la iglesia e hizo muchas limosnas al Santo Cristo y a la comunidad. Es sin duda, la primera bienhechora del Convento por los bienes materiales que le dejó. Se cree que la Madre Maria de Cristo fue quien trajo el cuadro del Greco.

Don Antonio Martín de Toledo, Duque de Alba, que cedió 200 ducados.

Don Diego de Arce y Reinoso, Inquisidor General del Reino, quien regaló el trono que tuvo la imagen en la iglesia primitiva y señaló, siendo Obispo de Plasencia, el sitio en que había de erigirse el Convento.

El Excmo. Sr. don Diego de Vargas, Conde del Puerto y su mujer doña Antonia de Alarcón, quienes prometieron hacerle la iglesia nueva, y lo cumplieron. Es la iglesia actual que costó 20.000 ducados.

Excmo. Sr. Don Íñigo de Guevara, Conde de Oñate.

Don Manuel Pablo Fernández y González, de Serradilla, canónigo doctoral de la catedral de Guayaquil, (Ecuador), misionero en América por espacio de veintiocho años, nacido el 15 de enero de 1813 se retiró a su pueblo natal, donde murió el 5 de octubre de 1880, dejando a la comunidad al morir 1.000 reales y diversos objetos del culto, como unas arañas de plata, un cáliz de oro, siete casullas, tres de ellas hechas en Milán y bordadas en hilo de oro, una morada, otra encarnada y otra blanca. Otras tres en cruz, blanca, encarnada y verde; cuatro albas muy finas, tres cíngulos de cinta de plata dorada, tres amitos y otros objetos de culto. Asimismo dejó una dote de 12.000 reales para una novicia del pueblo, si la había dentro de los dos años a contar con la fecha de su fallecimiento. Y si en ese tiempo no entraba en el Convento ninguna joven de Serradilla ordenaba que la dote se diese a cualquiera otra novicia de fuera.

Pero fueron muchas más las personas que sin venir a Serradilla, profesaron una devoción singular al Cristo de la Victoria, dejando constancia de esa fe y devoción en las cuantiosas donaciones que hicieron.

He aquí algunas de esas personas:

Don Álvaro José Pizarro, Conde de Torrejón, fue uno de los primeros bienhechores del Convento y devoto del Cristo de la Victoria. Socorrió largamente a las religiosas al principio de la fundación y les dio dinero para hacer lo primeros dormitorios, dirigiendo personalmente a peones y maestros. Por varios años dio lo necesario para el sustento de las religiosas. Les regaló varias alhajas y una dehesa en la Moheda y Mohedilla.

No es extraño el privilegio que ostenta el párroco de Torrejón el Rubio de portar la cruz auténtica cuando la imagen del Cristo sale en procesión por las calles del pueblo.

Exma. Sra. Condesa de Añover, madre de doña María Pacheco, Marquesa de Almonacid, dio grandes sumas de dinero con las cuales se fue principiando la fábrica del Convento. Entre las dos, madre e hija, regalaron ternos, palio, cruces de plata, casullas de damasco, una custodia de plata sobredorada y otros objetos para el culto de la iglesia.

Excmo.Sr. Marqués de Castel Rodrigo y Almonacid, regaló un terno encarnado con flores de seda afelpada y los campos de oro de Milán. Este terno es el que actualmente sirve cada dos años en la fiestas del Santísimo Cristo.

Excmo. Sr. Marqués de los Arcos, hermano de doña María Pacheco, también hizo varios regalos.

Doña Antonia de Pasprilla, Marquesa de Villa Torrevecina de Madrid, donó 500 ducados.

Doña Úrsula Rey, viuda de don Blasco de Loyola, secretario del Despacho Universal, de Madrid, regaló un arca de plata, tasada en 3.000 ducados, para poner el Santísimo Sacramento.

Don Antonio de Loyola, Marqués de Almeda

Don José de Loyola, gentilhombre de su Majestad,

Doña Carolina de Loyola, Marquesa de Hicheveche y

Doña María de Loyola, Marquesa de Villanueva.

Doña María Álvarez, suegra de dicha Marquesa.

Todos los de esta familia dieron limosnas para el Santo Cristo y Convento.

Doña Teresa Sarmiento de Hijar, Duquesa de Béjar, dio un terno y 200 ducados.

El Sr. Duque de Hijar, padre de doña Teresa Sarmiento, también dio cantidades de dinero.

Los hijos del Duque de Hijar, Ruíz Gómez y Diego de Silva, dieron cada uno 2.000 ducados.

Don Manuel de Coloma, Marqués de Canales, Embajador de España en Inglaterra, fue insigne bienhechor del Convento y en varias ocasiones dio grandes cantidades de dinero.

Don Fernando Valtierra, médico de familia del Rey Felipe IV dio muchas limosnas y recogió otras en Madrid para el Convento.

Don Tomás de Salazar, caballero de la Orden de Calatrava, vecino de Madrid, envió las imágenes de San Nicolás de Tolentino y Santa Clara de Montefalco y otras muchas limosnas en dinero.

Don Juan Montero, Caballero de la Orden de Calatrava, de Madrid.

Don Francisco de San Martín Urbina, también de la Orden de Calatrava, de Madrid.

Doña Manuela de San Martín Urbina, viuda de don Francisco Calderón de la Barca, de Madrid, regaló una imagen pequeña de talla de Nuestra Señora, con muy ricos vestidos.

Don Juan Bejarano, de Madrid, regalo dos cuadros grandes, de muy ricas pinturas, uno de San Agustín y otro de la Concepción Inmaculada de María.

Don Bernardo Marín de Guzmán, caballero de Calatrava, regaló una imagen de Jesús Crucificado, de marfil.

Doña Mariana de Austria, Reina de España y mujer de Felipe IV, muy devota del Cristo de la Victoria, envió en dos ocasiones cantidades de dinero.

La Infanta doña Margarita, hija de doña María de Austria, Reina de España y del Rey Felipe IV dio de limosna una joya de oro de ricas piedras que se pusieron en un cáliz precioso que posee el Convento.

Doña Teresa Rivadeneira, Marquesa de Lorenzana, dama de la Reina

Doña Isabel de Silva, Hija del Duque de Hijar.

Doña Francisca Enrique, hija del Duque de Uceda, dama de la Reina, envió una banda de oro y rosario de ágatas engarzado en plata.

Doña María Moreno, camarera de la Reina, hizo costumbre pedir en Palacio limosnas para el Santo Cristo todos los sábados del año.

Doña María Pimentel, hija del Marqués de Mirabel y dama de la Reina.

Doña Isabel Ponce, mujer del Duque de Alba don Antonio Martín de Toledo.

Doña Francisca de Zúniga Portocarrero, Marquesa de Mirabel.

Don Manuel de Zúniga, Duque de Béjar, después de dar una gran limosna, pidió un velo de Santo Cristo como reliquia

Don Justiniano Justiniani, alguacil mayor del Consejo de Italia y su mujer.

Doña Ana de Tapia, Marquesa de Canales dio 36 onzas de plata para hacer la peana del Santo Cristo.

La Marquesa de Baides dio con el mismo objeto una salvilla de plata que pesaba 24 onzas.

Doña Mariana de Chirinos dio para el mismo fin 14 onzas de plata.

Doña Francisca Enrique, hermana de la Condesa de Oropesa, dama primera de la Reina y esposa después del Embajador de Flandes, envió encajes para dos albas.

Doña María de Salcedo, mujer de don Fernando de Valtierra, médico de Su Majestad, regaló una Concepción de talla con su corona de plata metida en una urna de concha, y ébano y palo santo, con vidrieras cristalinas por las tres partes.

El Duque de Béjar dio de limosna 30 fanegas de trigo.

Doña Francisca Enríquez, Marquesa de Velmar.

La Marquesa de Fuente de Sol.

Doña Ana de Tapia y Zúñiga dejó en testamento 4.000 ducados para el Convento y dos escrituras de censo sin carga alguna.

Don José de Alasca y Aldiza, aposentador del Rey.

La Señora Marquesa de Medinaceli dio un vestido bordado en plata de Milán para una cortina del Santísimo Cristo.

Doña María Ana, mujer de Carlos II dio 50 doblones para ayudar al dorado del retablo del Santo Cristo.

Don Manuel de Coloma, Marqués de Canales, dio 200 reales para el dorado del retablo del Cristo y 150 para su peana de plata, en acción de gracias por las victorias del Rey Felipe V.

Don José Antonio Caamaño y Sotomayor, Marques de Monroy, dio 550 reales que se aplicaron para el dorado del retablo del Cristo.

Don Francisco Suárez de Zúñiga, Secretario de Rey Felipe IV vino a visitar el Cristo de la Victoria y dejó una hija suya en el convento. Regaló una imagen de Nuestra Señora del Rosario que todavía conserva y fundó, al final de sus días, una capellanía con 100 ducados de renta anual.

El Conde de Aguilar.

Don Manuel de Coloma, Marqués de Canales, dejó en testamento 1.000 reales.

Los Marqueses de San Miguel.

El Marqués de Aitona.

Don Francisco de Perea, Arzobispo de Granada.

Doña Josefa María de Avellaneda, camarera de la Duquesa de Medinaceli.

Don Claudio Cerdán, ilustre escribano de Madrid, gestionó durante muchos años los asuntos de las Madres en la Corte sin interés alguno. Fue albacea de la Madre María de Cristo y ayudó a la comunidad en el arreglo y expedición de toda suerte de negocios.

La Marquesa de Campo Florido, de Madrid, dejó en testamento 3.000 reales para el culto del santo Cristo de la Victoria.

La Condesa de la Oliva, de Talavera.

La Condesa de la Puebla de los Valles.

Don Rodrigo, Marqués de Monroy, dio de limosna 600 reales y los dos hermosos cristales que componen la fachada del trono del Cristo.

La Duquesa del Arcos dio para ayuda del trono.

La Condesa de Moctezuma, de Madrid.

La Condesa de Peralada regaló dos urnas con el Niño Jesús y con San Juanito.

La Madre María Antonia del Carmen, en el siglo Marquesa de Cerralbo y Almarza, regaló a la iglesia del Cristo seis candelabros de plata, costeó las imágenes de la Virgen del Carmen y San Juan de Sahagún y muchas alhajas y piedras preciosas que ella había usado antes de entrar en el Convento.

Doña Maria Bernarda de Pinedo, mujer de don Juan Aguirre, secretario del Duque de Medinaceli, regaló dos candelabros de plata para la Virgen de la Purificación.

Los Sres. Don Rodrigo A. N. T. de Mendoza y doña María Blasa Pantoja, Marqueses de Villagarcía y Condes de Torrejón, regalaron una magnífica custodia que todavía hoy se conserva.

RELACIÓN DE MONJAS DE FAMILIAS NOBLES Y DE LA ALTA SOCIEDAD QUE PROFESARON EN EL MONASTERIO DEL SANTÍSIMO CRISTO DE LA VICTORIA DE MM. AGUSTINAS RECOLETAS DE SERRADILLA, AL QUE DEJARON TODOS SUS BIENES, DURANTE LOS SIGLOS XVII Y XVIII

1. **Año 1663**: Profesión de Sor María Teresa del Espíritu Santo, Suárez de Zúñiga, de la muy noble casa de los Marqueses de Zúñiga, de Madrid. Ingresó en el convento a los 18 años de edad.

2. **Año 1678**. Profesión de Sor María de Santa Clara, García de Quesada y de Aragón. De la muy noble familia de los Condes de Quesada y Aragón, pertenecientes a la Corte de Madrid. Ingresó en el convento de Serradilla a la edad de 15 años.

3. **Año 1683**. Profesión de Sor Manuela Antonia de la Stma. Trinidad, Pérez de Aviñón y Velasco de Córdoba. De la familia de los Marqueses de Aviñón y Velasco, de Talavera de la Reina.

4. **Año 1694**. Profesión de Sor Antonia Teresa de San Pedro, Ruíz y Albero y Arroyo. De la noble familia de Talavera de la Reina.

5. **Año 1699**. Profesión de Sor María de Cristo, de la Fuente Arratia y Navarro. Viuda del noble caballero D. Pedro Jáuregui, secretario del Rey Felipe IV. Esta noble dama trajo grandes riquezas a esta casa.

6. **Año 1699**. Profesión de Sor Magdalena Josefa de la Resurrección, Rico y Carrasco del Peral. De los muy nobles Señores de Ocaña, Marqueses de Ocaña.

7. **Año 1704**. Profesión de Sor María Clara de la Encarnación, hija de los Marqueses de Espínola, de la capital de Génova (Italia). Ingresó a los 18 años, trayendo ricas y preciosas imágenes.

8. **Año 1714**. Profesión de Sor Mariana de Cristo, San Martín Ocina y Benavente. Hija del noble caballero, Conde de San Martín Ocina, Secretario de la Reina, viuda del Rey Carlos II. Ingresó en el Convento de Serradilla a los 9 años.

9. **Año 1720**. Profesión de Sor Clara Juana de la Natividad, Mendoza y Sotomayor Barrantes y Orellana. Hija de la familia de la más alta nobleza de la ciudad de Trujillo, Condes de Sotomayor y Orellana.

10. **Año 1753**. Profesión de Sor Antonia Ana de Nuestra Señora del Carmen. Hija de los Marqueses D. Diego Manuel de Vera Tenza y Fajardo Barona y de Doña Antonia de Quiñónes y Vela, Marqueses de Espinardo, Vizcondes de Montegudo y sus fortalezas, Señores de Torre Antigua y Casa Fuerte de Barona, en la Montaña de Burgos. Casaron a su hija a la edad de 16 años con el Conde de Montezuma, Marqués de Cerralbos y Almarza, Señor de Flores Dávila y Conde de Alba y Yeltes.

Al quedar viuda a los 34 años, vistió el hábito de religiosa Agustina Recoleta en Serradilla el 13 de agosto de 1752. Fue elegida Priora 9 años después de profesar como monja y fue Priora durante 41 años hasta su muerte ocurrida el 23 de junio de 1802. Se trajo a este Monasterio todas sus riquezas, cuadros, imágenes y joyas.

11. **Año 1777**. Profesión de Sor Juana María Tadea de la Encarnación, Contreras y Ulloa de Borja y Plata Oviedo. Hija de la nobilísima familia de (Condes o) Marqueses de Borja, de Valencia de Alcántara.

12. **Año 1778**. Profesión de Sor Mariana de Cristo, y Sor Irene María, su hermana, de la Fuensanta Vera y Fajardo, Saurín y Grobejo. Hijas de los ilustrísimos Señores Marqueses de Espinardo y Agramón. Ambas ingresaron muy niñas y su tío carnal, el ilustre caballero Conde de Fuensanta Vera, venía a visitarlas con mucha frecuencia.

13. **Año 1778**. Profesión de Sor María Vicenta Isidora de Nuestra Señora del Pilar, Quiñónes y Silva. Hija de los Marqueses de Quiñones, de la ciudad de Cáceres. Ingresó en el Convento de Serradilla a la edad de 23 años. Sus padres hicieron el Palacio que esta cerca del Monasterio, para venirse algunas temporadas junto a su hija. Durante la desamortización de Mendizábal, las monjas se quedaron sin este Palacio, que era suyo, por herencia de los Señores Marqueses de Quiñones y Silva.

Podrían añadirse más nombres de los tiempos posteriores, pero la enumeración precedente es suficiente para que se vea la fe profunda y la devoción ardiente que sintieron las generaciones pasadas de la alta sociedad por el Santísimo Cristo de la Victoria de Serradilla.

Cabe destacar, en ese concierto de universales alabanzas, el fervor de la aristocracia, dando muestra de piedad y devoción religiosa, en una época en que la fe cristiana dominaba el panorama de la sociedad española y europea.

Si no hubiera sido por la Beata Francisca de Oviedo y por el Padre Ignacio del Castillo, de donde hubiera venido a Serradilla o hubieran dado tantas dadivas personajes tan importantes e influyentes como los que terminamos de reseñar?

Con razón escribe el poeta Liberato Alonso en el Himno:

> Es tu fama tan grande y tan justa,
> que de allende los mares llegaron
> y ante tí con amor se postraron
> recitando sencilla oración,
> mil devotos de Tí agradecidos
> que sus pasos al bien encaminas,
> publicando tus gracias divinas
> todos llenos de gran devoción.

Iván Sánchez Mateos y un Pope Ortodoxo ruso posan ante la imagen del Cristo de Serradilla que llevó Belisario. Se guarda en el antigüo Monasterio Zagorst, Moscú.

COLECCIÓN DE ARTE

A todo esto habría que añadir la magnífica colección de numerosos lienzos y tablas de pintores famosos de los siglos XVII y XVIII. Entre los artistas más destacados merecen mencionarse:

Daniel Segher, Alonso Cano, Claudio Coello, Francisco Gutiérrez, Juan Carreño de Miranda, Mateo Cerezo, Teodoro Ardemans, Luis Tristán, Bartolomé Carducho, Caravaggio, Francisco Brissart, Miguel Ziprés, Bernardo Ayala y Luís Morales (*el divino*). Y tablas varias de la escuela italiana, española y flamenca.

Vamos a reseñar tan sólo diez cuadros importantes, bellísimos y de mucho valor que se encuentran

DENTRO DE LA CLAUSURA

1. **Jesús Crucificado**. Óleo sobre tabla. De **Rafael**, discípulo de Miguel Ángel.

2. **El Calvario**. Óleo sobre tabla. **De Giorgio Vassari.** (Sólo hay otro igual en Barcelona).

3. **La Piedad**. Óleo sobre lienzo del **Divino Morales**.

4. **La Virgen con el Niño Jesús**. Óleo sobre cobre**, de Daniel Shegers.**

5. **Adoración de los Magos**. Óleo sobre cobre, de **Rubens.**

6. **Jesús Ecce Homo**. Óleo sobre tabla, de **Velázquez.**

7. **Jesús Coronado de Espinas**. Óleo sobre lienzo**, de Velázquez.**

8. **Niño Jesús sentado sobre un corazón.** Obra sobre lienzo, **de Teodoro Ardemans.** (El autor puso su propio corazón como trono del Divino Niño).

9. **Santa Teresa de Jesús.** (*Miniatura*). Óleo sobre cobre, **de Rivera.**

10. **San Francisco de Asís en oración, en la cueva.** De **Luís Tristán y Escamilla:** *"el mejor discipulo del Greco".*

No digamos que tuvo en posesión una pintura de un **"Jesús Salvador"** del propio Domenicos Theotocópulos, *el Greco.*
Dedicaremos algunas reflexiones a este cuadro más adelante.

CUADROS EXPUESTOS EN LOS MUROS DEL SANTUARIO

Los dos cuadros más voluminosos son dos óleos sobre lienzo del pintor Francisco Gutiérrez, realizados en 1667 y 1668, titulados **"Expulsión los mercaderes del templo"** y **"Heliodoro, castigado por dos ángeles".** Estos dos cuadros han sido guardados dentro últimamente.
Encima de la puerta de la sacristía, lienzo central: **"Los desposorios de la Stma. Virgen María,** de Francisco Gutiérrez, 1667.

A la derecha del anterior: **"La Virgen dando el pecho al Niño",** óleo sobre lienzo de **Daniel Shegers** (siglo XVII).

A su izquierda: **"Jesús flagelado por dos verdugos".**obra sobre lienzo de **Alonso Cano.**

Por encima de estos y de izquierda a derecha:

"Jesús atado a la columna" de **Alonso Cano**, realizado en 1660.

Y los Arcángeles San Rafael, San Gabriel y San Miguel, óleos obre lienzo, los tres, de **Bernabé Ayala**, siglo XVII.

Frente a la Virgen del Carmen podemos contemplar los siguientes cuadros:

"La Virgen de la Soledad" (Paloma) y **"San Agustín en éxtasis, con Santa Mónica y dos ángeles"**. Óleos sobre lienzo, de la **Escuela Española**, siglo XVII.

"La adoración de los Magos", de un discípulo de **Rubens**. Siglo XVII.

"La Presentación del Niño Jesús en el Templo", óleo sobre tabla, de la **Escuela Flamenca,** siglo XVII.

Dentro de la Sacristía se puede contemplar un gran óleo sobre lienzo de la **Escuela Española**, del siglo XVII titulado:

"Las Madres Fundadoras", representando a quienes fundaron este convento.

A la izquierda del visitante, sobre la puerta de Clausura puede contemplarse un gran cuadro central grande:

"La Covensión de la Magdalena", óleo sobre lienzo, de **Francisco Gutierrez**, de 1668.

A la derecha del mismo se halla;

"La Inmaculada", óleo sobre lienzo, obra de **Juan Carreño de Miranda,** año 1667.

Por encima de este cuadro tenemos:

"San Juan Evangelista, escribiendo el Apocalipsis", óleo sobre lienzo de la **Escuela Italiana,** siglo VII.

A la izquierda del cuadro central tenemos a:

San Agustín, Obispo, Doctor de la Iglesia y Fundador. **Escuela Española**

San Pablo I, Ermitano en laTebaida. **Escuela madrileña, Siglo XVII.**

San Jerónimo, Doctor de la Iglesia y Fundador, haciendo penitencia en la cueva de Belén. Atribuido Michaelangelo Merisi, **Caravaggio**, 1600.

Todos estos cuadros son óleos sobre lienzos.

"La Anunciación", óleo sobre lienzo, obra de **Bartolomé Carducho**, año 1590.

Arriba, en el camarín, en la pequeña exposición, detrás de la imagen, se puede contemplar:

"La Encarnación", bellísimo lienzo, obra de **Claudio Coello.**

Además hay unas pequeñas imágenes, tallas del Siglo XVII y principios del XVIII:

"La Virgen Inmaculada", de taller **Brasileño.**

"Los arcángeles San Miguel y San Rafael, de taller **Sevillano.**

"Dos Niños Jesús", de taller **Italiano.**

RELICARIOS

También existen varios relicarios conteniendo restos de santos, algunos de ellos expuestos en la paredes del templo y otros en el interior del claustro. Todos estos relicarios fueron traídos como dotes por las vocaciones de mujeres nobles que ingresaron como monjas en este Convento. Algunos contienen reliquias de santos mártires de la época de Daciano, Diocleciano, Valeriano y Nerón.

Algunos nombres que acompañan estas reliquias son huesos de:
San Vicente, mártir.
Santa Cecilia, virgen y mártir.
San Juan, Papa y mártir.
San Felipe, Apóstol y mártir.
San Calixto, Papa y mártir.
San Sebastián, mártir.
San Felipe, mártir.
San Blas, mártir.
Santa Constanza, virgen y mártir.
Cenizas de San Jorge, mártir.

Otros cuadros contienen sangre de
San Diego, mártir.
Santa Marta, virgen y mártir.
San Mauricio, San Ignacio, San Roque, mártires.
Una reliquia de San Pedro de Alcántara.

Otro cuadro contiene reliquia de
San Ambrosio, Obispo.
Hueso de Santa Lucia, vigen y mártir.
San Teodoro, mártir.
Santa Úrsula, virgen y mártir.
Santa Rústica, virgen y mártir

San Silvano, mártir.
      (Hay otros muchos nombres).

Otro cuadro contiene:
Huesos de San Martín, mártir.
Reliquia de San Isidro Labrador, de Madrid.
Hueso de San Heliodoro, mártir.
San Darío, mártir.
San Mariano, mártir.

Otro cuadro contiene :
Huesos de Santa Margarita, virgen y mártir.
Y otras reliquias con nombres ilegibles.

Quizá la reliquia más importante y mayor que tiene el Convento de Serradilla, sea el hueso del antebrazo de San Clemente I, Papa y Mártir, tercer sucesor Pedro, el pescador de Galilea, y uno de los nombres más ilustres y venerados de la antigüedad. Está el hueso solo en un precioso relicario de madera, estilo barroco y dorado con oro, como los retablos .Se halla en el Coro Bajo.

ÓRGANOS

El Monasterio tiene un órgano mayor y otro pequeño. El Órgano Mayor tiene la composición de un teclado de 54 notas, 12 teclas de contras, tambores y trémolo, con un total de 515 tubos de los cuales 162 son nuevos. La última restauración ha corrido a cargo de uno de los mejores organeros actuales: Don José Antonio Aspiazu Gómez y su hijo José Antonio, de Azpeitia (Guipúzcoa), sufragada esta reparación por la Juta de Extremadura a través de la Consejería de Cultura y Patrimonio.

El constructor de este órgano y su fecha queda inscrito en el secreto del mismo. Dice así:

"A mayor Gloria de Dios. Se hizo este órgano en la ciudad de Plasencia el año de 1867, por D. Marcial Rodríguez, vecino de Benavente, en la provincia de Zamora, para las Religiosas Agustinas de la Serradilla, siendo Priora la Rvda. Madre Basilisa Dolores de San Antonio y su dignísimo Prelado Sr. D. Gregorio María López y Zaragoza, Obispo de Plasencia".

El órgano costó 13.039 reales.

El órgano pequeño esta ubicado en el coro bajo y fue igualmente restaurado últimamente por los mismos especialistas que el grande. No se poseen datos sobre su autor. Existen otros dos más de este tipo en el Monasterio de Guadalupe, uno más grande y otro más pequeño. Este órgano es el célebre órgano, llamado **Realejo**, del siglo XVII, y a juicio de los técnicos es una verdadera joya.

Consta de un teclado de octava corta con 45 notas y un total de 270 tubos. Se utilizaba en las festividades del Corpus, durante la procesión con el Santísimo y era transportado en parihuelas por cuatro personas, acompañado por el organista y otras dos personas que maniobraban las cuerdas o palos de los fuelles.

UN GRECO ROBADO

Hemos dicho antes que el Monasterio *"tuvo"* un cuadro del Greco, porque en la actualidad *no lo tiene*.

Durante más de tres siglos estuvo ese cuadro del Greco bien custodiado y guardado dentro de los muros del convento de Serradilla. Ese cuadro llegó a Serradilla en el siglo XVII, propiedad de la acaudalada María de la Fuente Arratia, quien dejó todos sus bienes al Convento antes de ingresar, y ya viuda de don Pedro Jáuregui, secretario del Rey Felipe IV, profesó en el convento con el nombre de Madre María de Cristo.

Muy pocos años después de haber salido el cuadro del Greco de aquel cenobio - y de forma nada ortodoxa - comenzó una odisea un tanto rocambolesca.

Comenzó a airearse públicamente la existencia de ese Greco en Serradilla, a raíz de la limpieza de termitas en los retablos laterales del templo, llevada a cabo por especialistas de Bellas Artes, de Madrid. Tuvieron que entrar en la clausura y allí *"descubrieron"* el cuadro del *'Greco"*. Fue una gran noticia. ¡Un *Greco* en Serradilla!

Los de Bellas Artes pretendían solapadamente conseguir que ese cuadro quedara en Madrid. Era entonces alcalde de Cáceres, don Alfonso Díaz de Bustamante, gran amante del arte. Y vió el cielo abierto para llevarse el cuadro del pintor cretense al Museo de Cáceres y enriquecer la **Casa del Mono**. Bajo el pretexto de llevarlo a Madrid para poder autentificar la originalidad del autor, consiguieron sacar el cuadro del Convento. El pretexto era falso, porque estaban bien convencidos de que indudablemente el cuadro era del Greco. Además ya estaba registrado como del *Greco*, desde hacía mucho tiempo.

Las religiosas, en grandes apuros financieros en aquel tiempo, habían recurrido al obispado para recabar las ayudas necesarias con la mejor buena voluntad de que no se destruyeran los altares laterales, amenazados de ruina inminente ante la proliferación de las termitas. Aquellos retablos se vendrían abajo sin una intervención inmediata. Pero el Obispado no dió oídos al requerimiento de las monjas e ignoró el problema. La necesidad de solución era urgente y como se vieron desatendidas las religiosas y en extrema necesidad de actuar con rapidez, decidieron ante todo, salvar los altares laterales. La Diputación Provincial se ofreció para costear los gastos. La operación de saneamiento se llevó a efecto y las religiosas consiguieron recuperar sanos los preciosos retablos. Pero entre promesas y engaños el caso es que el cuadro del Greco salió para Madrid, pero no volvió a Serradilla. A la vuelta se quedó en Cáceres. No existen documentos públicos de venta ni de cesión. Al menos no se nos han mostrado. Lo único cierto es que el rótulo debajo del cuadro en Cáceres reza así:

"Jesús Salvador", óleo sobre lienzo procedente del Convento de Agustinas Recoletas de Serradilla, obra de EL GRECO. "Colección estable del Museo de Cáceres".

No dice más, pero intuímos que dice bastante. Porque el hecho de que EL GRECO proceda del Convento de Serradilla no quiere decir que ya sea propiedad de las MM. Agustinas. Todos sabemos que las innumerables momias egipcias que se exhiben en el Museo Británico de Londres proceden de Egipto, al igual que tantos cálices, custodias y objetos religiosos - algunos de ellos de Serradilla - que se muestran en el Louvre de París, tienen su procedencia de España y de otros países, pero ya no son de sus antiguos dueños. Por lo que deducimos que dicho GRECO no tiene visos de regresar a su antiguo convento, donde permaneció durante más de tres siglos. Y todo por no saber qué tipo de tueque o cambalache tuvo lugar en su momento pretérito, tan opaco y nunca clarificado. Si existe otra realidad oculta, la ignoramos, pero tanto secretismo y renuncia a abordar el tema da mucho que pensar porque puede haber gato encerrado.

Por ahora la explicación que han dado los dirigentes del Museo Provincial de Cáceres es que en Serradilla no lo podrían contemplar tantas personas como lo podían admirar en Cáceres. Pase como válido este argumento, porque en la Capital se dispone de locales adecuados para un gran museo. Y circula mucho mayor número de personas que en un pueblo cada vez más escaso de vecinos y desviado de las rutas viales. Pero por qué no se hace un Museo en Serradilla, con todas las garantías de seguridad, anexo al Convento de Agustinas, como se están construyendo edificios oficiales por toda España? Hay dinero para toda clase de deporte y eventos lúdicos, pero no para el arte. Seguro que si las monjas pusieran todas las obras de arte que guarda el Convento, superaría a muchos museos que se precian de excepcionales y sería el momento de reclamar el cuadro del *Greco*, si es propiedad del Convento. Sería un reclamo más para que numerosos forasteros visitasen el pueblo, haciendo carreteras amplias y bien asfaltadas desde la zona del Parque Nacional del Monfragüe hasta Serradilla.y uniendo así la ruta de Cáceres Trujillo, Plasencia y enriqueciendo los tesoros turísticos que encierra toda esta comarca. Hoy se opone el muro infranqueable de los *ecologistas* y las trabas del *medio ambiente*, que sólo procuran la defensa de los animales y plantas, obviando al hombre - centro de la Creación - ignorando otras realidades culturales y turísticas.

Hoy por hoy ni las religiosas ni el pueblo pueden afrontar los gastos que supondría iniciar pleitos con entidades tan poderosas. Pero llegará el tiempo que las circunstancias cambien y el cuadro exclaustrado regrese al lugar donde estuvo durante siglos. Es de derecho romano e internacional: *"Res clamat domino"*. La cosa clama por su dueño.

Los hechos se consumaron a la chita callando, mediante engaños y egoísmos e ilegalmente. Además fue una falacia decir que habían *"descubierto"* el *Greco*.

Todos mis condiscípulos, en la clase de Historia de la Filosofía, allá por el curso 1954-55 que nos impartía el canónigo don José María Rivas, ante la avalancha de repetir en la lista de clase, nada menos que cinco alumnos de Serradilla, un día se detuvo para decir:

"Es que Serradilla es muy importante. Porque el convento de Serradilla es el más rico de toda Extremadura en Arte, después del Monasterio de Guadalupe. ¡Tiene hasta un Greco!"

Razón tenía Don José María Rivas al afirmar tal cosa ya que más de una vez, había entrado en la clausura acompañando como secretario a su tío el obispo don Justo Rivas Fernández, llamado *"el obispo Gallego"*.

¿Dónde queda el descubrimiento de los de Bellas Artes, tantos años después? Se echaron un farol y se llevaron la luminaria. Un descubrimiento que ya estaba descubierto, pero se colgaron los galones. Además lo hicieron con alevosía y engaño. Dadas la apreturas económicas de las monjas en aquel entonces y dada la urgencia de salvar los retablos laterales, se vieron obligadas a ceder el trueque. Por una cantidad ridícula dejaron salir de sus muros un cuadro que puesto en subasta - nunca se debería hacer - hubiera alcanzado cantidades astronómicas, para haber hecho diez monasterios. Pero lo hecho, hecho está y como historia pretérita lo narramos.

Yo mismo tuve la suerte, siendo seminarista, de entrar varias veces en la clausura del Convento de Serradilla con ocasión de ayudar a misa al capellán del convento don Alfonso Bermejo Castro, al estar en obras de reformas las escaleras de subida al camarín del Cristo. Y al entrar en la habitación de lo que es la sacristía por dentro, encima del torno, al ver el cuadro tan característico de los rasgos del pintor cretense, enseguida me dije: ¡¡¡Ese es el *Greco* del que nos hablaba don José María Rivas!!! ¡¡¡Este es el cuadro del *Greco*!!!

Cuando sucedió el robo del **Museo del Mono,** el Museo Metropolitano de Nueva York acababa de adquirir en subasta en la casa Christie de Londres, e ingresado en el Metropolitano en 1971, el cuadro de Velásquez, *Juan Pareja*, por CINCUENTA millones y medio de dólares, estableciendo nuevo record de pinturas en una subasta. Hoy es una de las joyas principales del famoso Museo neoyorkino.

¿A cuánto hubiera ascendido, en caso de subasta, el cuadro de *"Jesús Salvador"* del *Greco* de Serradilla? Ni se sabe, porque nunca se hubiera podido realizar una subasta por estar previamente registrado.

Pero estos malos principios del *Greco* de Serradilla no terminaron sólo con la salida engañosa del convento. Hubo más. Protagonizó lo que el periodista Sergio Lorenzo del diario **HOY de Extremadura** calificó como **"El robo del siglo en Cáceres"**.[7]

En efecto. Unos ladrones entraron en la ciudad monumental y se llevaron, además de la joya más importante y valiosa, el cuadro de **"Jesús Salvador"** del *Greco*, una talla del siglo XVI del *divino* Morales, una pintura italiana sobre lámina de cobre, un cuadro del siglo XVII del pintor italiano Viviani, un collar con un crucifijo soldado del siglo XVI, un cáliz de oro del siglo XVIII y otro del siglo XV, una cruz parroquial del siglo XVII, dos cabeceras de cetro de plata repujada y una tabla de marfil de una Inmaculada del siglo XVII.

---

[7]   Sergio Lorenzo. **El robo del siglo en Cáceres**. Diario.**Hoy de Extremadura**. Sección: *Cáceres Escaparate*. Agosto 30, 2014.

Los ladrones escalaron la tapia que separa el patio de la **Casa del Mono** con el **Callejón de la Monja**. En el Museo no había ni un vigilante, ni sistemas de alarma. Al principio se sospechó que los ladrones habrían pasado la frontera de Portugal, dado el escaso trayecto que separa la raya fronteriza y con el margen de dos días en blanco (el museo cerraba los sábados y domingos) ya estaría camino o en manos de algún coleccionista particular en el extranjero.

Por lo sabido después no fue así. Los ladrones escondieron el botín en una vivienda de Torremocha. Y casi un año después y cuando estaba todo más calmado y nadie se acordaba ya de tal cuadro, intentaron sacarlo de España. Pero la policía nacional lo descubrió en una caja de seguridad del aeropuerto de Barajas a punto de ser embarcado en avión. Gran operación, una más de las muchas exitosas de los agentes de seguridad de la guardia civil. Nuestra felicitación.

Los autores resultaron ser tres jóvenes identificados en la prensa como Luciano M. C., de 24 años, representante de comercio. José Antonio C. B., de 20 años, nacido en Vitoria, que no tenía profesión y Juan C. M., de 21 años de edad, peluquero, nacido en Badajoz.

El cuadro llegó a Cáceres de vuelta, traído por cuatro inspectores, el 3 de marzo de 1980.

Así terminó el periplo errante del cuadro del *Greco*, que estuvo tres siglos intacto en el convento de Serradilla y que sufrió, fuera de la clausura, los efectos de esa oleada de hurtos del mundo moderno: el robo de obras de arte.

"Jesús Salvador", óleo sobre lienzo procedente del Convento
de Agustinas Recoletas de Serradilla, obra de EL GRECO.
Colección estable del Museo de Cáceres.

EL PUEBLO

Básicamente ha sido el pueblo sencillo y llano de Serradilla de todos los tiempos el que ha manifestado siempre un delirio y entusiasmo, una fe y devoción inigualables y un fervor generoso a su Cristo. Nunca ha vacilado en rendirle homenaje de gratitud y veneración desde que llegó a Serradilla. Hasta se comprometió con un voto especial, el llamado **Voto Villa**, celebrado cada año el domingo siguiente a la festividad de la Exaltación de la Santa Cruz, el 14 de Septiembre.

La medida o la imagen o la estampa del Cristo de la Victoria ha estado siempre expuesta en todos los hogares de cada serradillano, de dentro y fuera del pueblo, porque en Él han encontrado siempre consuelo en sus penas, esperanza en sus momentos tristes, fuerza en las adversidades, salud en la enfermedad y victoria en sus batallas.

Bella y emotiva estrofa de Liberato Alonso en el Himno:

¡Cristo mio! La madre te implora
porque ve que su hijo se muere
y es su fe tan profunda, que hiere
de tu amor el inmenso poder.
Y al momento tu gracia divina
del enfermo separa la muerte
y el acervo dolor se convierte
por encanto en inmenso placer.

Pero cuando han vibrado los sentimientos de religiosidad colectiva han sido en los momentos críticos de la adversidad por la pérdida de las cosechas ante pertinentes sequías. El pueblo entero se concentraba en el templo en solemnes **Rogativas** para rezar cantando:

"¡Agua pedimos, Dios mio! ¡Misericordia, Señor!".

Plegarias que salían de lo más profundo de los corazones.

¿Sería Serradilla la misma de no haber tenido a su Cristo de la Victoria y a su Convento de Agustinas Recoletas?

Rotundamente creemos que no. Porque el sello inconfundible de todo serradillano está marcado ineludiblemente por su devoción al Cristo de la Victoria y su respeto y colaboración al Convento de las Religiosas Agustinas.

Las gracias materiales, y sobre todo, espirituales, que el pueblo ha recibido han sido tan numerosas como las arenas de la playas. Una lluvia constante de predicaciones ininterrumpidas ha nutrido el conocimiento religioso de sus almas que han cimentado sus convicciones religiosas. Y eso ha contagiado a los foráneos. Porque cada serradillano se convierte en predicador silencioso y propagandista eficaz de la devoción a su Cristo, llevando en su cartera la estampa o en su solapa la insignia, pero sobre todo, el amor en su corazón.

Y esa estatua, replicas de la de Serradilla, hay una muy bien lograda en la capilla de las Dominicas de Plasencia, y en la parroquia de San Cayetano de Madrid, costeada por doña Francisca Mateos Rodríguez, prócer ilustre y destacadísima devota del Cristo de la Victoria, de una generosidad sin limites, fundadora y promotora de la Cofradía del Cristo de la Victoria de Serradilla en Madrid, quien hipotecó hasta su propia casa por conservar la devoción de su Cristo entre sus paisanos asentados en la capital de España y extenderla entre los madrileños, instituyendo una peregrinación anual desde Madrid a Serradilla desde el año 1956 hasta envió otra copia a Perú donde preside desde hace muchos años una humilde Misión.

Y ese espíritu han heredado sus descendientes. Tanto es así que su hijo Belisario Sánchez Mateos, famoso artista, pintor, escultor, profesor, actor, escritor, inventor, humanista y muchas cosas mas, se atrevió a llevar personalmente una copia del Cristo de la Victoria de Serradilla a Moscú, obra del escultor madrileño Víctor González Gil, el mismo que realizo la imagen que se venera en San Cayetano de Madrid. La imagen en Moscú se encuentra actualmente expuesta en el antigüo Monasterio Zagorsk.

Belisario mismo ha esculpido dos copias mas, que se parecen a su original como dos gotas de agua. Una se la regalo al director de un Colegio en Villaverde Alto de Madrid y otro lo conserva en el comedor de su casa. El director del Colegio nunca cumplió su palabra de levantar una capilla dedicada a dona Paquita.

Durante la **Guerra del Golfo**, Belisario permaneció como **escudo humano** ante las fachadas del Museo Nacional y la Biblioteca, impidiendo que los enemigos de la civilización cometiesen estragos. Pero antes de volver a casa entregó al Nuncio Apostólico de Bagdad un enorme cuadro del Cristo de la Victoria de Serradilla. Y hecho curioso, cuando los atroces y masivos bombardeos a la ciudad, el único edificio donde no cayó ninguna bomba fue en la sede de la Nunciatura, donde estaba el cuadro del 'Cristo de la Victoria.

La Tradición continúa en la familia. Porque Iván Sánchez Mateos, hijo de Belisario, en su reciente viaje a Mongolia no se olvidó de llevar un cuadro del Cristo de la Victoria, pintado por su padre y entregado al Patriarca de Gorky, como había llevado otro a la capital rusa, fotografiado con en él en la Plaza Roja y entregado al Patriarca de Moscú.

Lastima que la Cofradía, fundada por doña Paquita, de carácter netamente **religioso**, aprobada por la diócesis de Madrid, hoy se haya adulterado ignominiosamente para convertirse en **secular**. Esta de hoy no es la Cofradia religiosa que fundó doña Paquita. Es una asociación **laica** y como asociación **laica** depende de los organismos estatales de la Comunidad Madrileña y de la Junta de Extremadura, de cuyas instituciones gubernamentales recibe ayudas financieras. Desde aquí queremos denunciar tan denigrante y abusivo manejo, usurpando una cofradía que nunca debería desaparecer en su más prístino espíritu religioso.

A nivel del pueblo es conmovedor comprobar cómo al pasar frente a la fachada del templo, las mujeres se santiguan y los hombres o se santiguan o se quitan el sombrero en señal de respeto. Poco importa que sean asiduos practicantes o alejados de los actos del culto. Un algo interior les mueve a esta práctica. Es la fe inculcada por sus mayores, de la cual no reniegan. Porque el Cristo de la Victoria es para todo serradillano, cifra y compendio de su fe y religión. Es lo más grande de lo que puede enorgullecerse Serradilla.

Por eso el inspirado poeta concluye el Himno, escribiendo:

Y tus gracias pregonan alegres
por igual el anciano y el niño:
y es tan grande, tan grande el cariño
que en el pueblo hacia Tí se sintió,
que Victoria se clama en tu nombre
y no hay frente que a Tí no se incline,
ni tampoco a quien no le domine,
tanto amor como en Tí vislumbró

¿Quién ha podido influir tan profundamente en la idiosincrasia tan peculiar de este pueblo religioso, singular, laborioso y austero?

Indudablemente ha sido una mujer: TODO UNA MUJER. Una mujer que lo es TODO: **EVERYTHING A WOMAN.** Fe en la providencia, entrega, perseverancia, coraje, atrevimiento, trabajo, constancia, paciencia, sufrimiento, esperanza, firmeza, carácter, amor, delicadeza, visión de futuro, piadosa, irreductible, andariega y mucho mucho mas. Y esa mujer ha sido la Beata Francisca de Oviedo y Palacios, quien con la imagen del Cristo de la Victoria y la fundación del Convento de Religiosas Agustinas Recoletas, ha marcado una forma de vivir y pensar características de Serradilla. Su gestión ha significado un antes y un después en la historia del pueblo elegido por Dios para asentar en él su trono victorioso: el Triunfo de la Santa Cruz y por la Cruz llevarnos a la VICTORIA.

Y al triunfo final de la victoria llevó el Señor a su sierva, siete meses antes de que llegaran al pueblo de Serradilla las primeras religiosas a ocupar el monasterio que ella había fundado y a custodiar con generosa entrega, dedicación y cariño al Cristo que ella nos había regalado.

Las primeras religiosas llegaron a Serradilla el día 10 de mayo de 1660 previa autorización del obispo de Ávila don Martín de Bonilla. Eran la Madre Isabel de la Madre de Dios, mas dos profesas y dos novicias que se instalaron en la propia casa donde había vivido la Beata, antes de tomar posesión del Convento seis días después. Don Francisco Verdín Molina, gobernador eclesiástico hizo elección de cargos y nombró por Priora a la Madre Isabel de la Madre de Dios y por Vicario del Convento al Padre Francisco Ignacio del Castillo. Seguro que la Beata contemplaría esa entrada desde la gloria, bien merecida por su trabajo humilde, silencioso y lleno de obras buenas a favor de los más pobres y desfavorecidos de la sociedad. Desde la calle del Naranjo, había subido al cielo la Beata para difuminar por las avenidas del cielo el olor de azahar de sus virtudes, llenando de más alegría, si cabe, a los bienaventurados.

Iván Sánchez Mateos mostrando el cuadro del Cristo de la Victoria de Serradilla en la Plaza Roja. Pintado al óleo por su padre Belisario y entregado al Patriarca de Moscú. Iván llevó otro igual al Patriarca Ortodoxo en Gorky, Mongolia.

ESCRÚPULOS EN LOS ALBACEAS

Parece que los albaceas no veían claro algunos de los puntos del testamento de la Beata y elevaron al obispado una petición y reclamación de la voluntad de la testadora para descargar su conciencia y no les pase perjuicio. Lo exponen así:

El licenciado Alonso Martín, Presbítero, Diego Sánchez Barbero y el Bachiller Lorenzo Sánchez, vecinos de la villa de la Serradilla y testamentarios de la madre Beata Francisca de Oviedo, difunta, vecina que fue de ella, DECIMOS:

Que en el testamento que otorgó debajo de cuya disposición murió la dicha Francisca de Oviedo, dejó una cláusula en que dice que "antes de entregar al padre Fray Francisco Ignacio, Religioso de la Orden de S. Agustín, a quien está concedida licencia para la asistencia y fundación del convento de monjas de la dicha villa, la madera que la dicha madre Francisca de Oviedo tenía traída para la fabrica de dicho convento, pagase el dicho P. Fr. Francisco Ignacio todos los maravedis que había costado la dicha madera hasta ponerla en el convento donde está, y así mismo se pagasen todos los Reales que la dicha difunta había gastado en la fábrica de la que cobró en dicho convento y que de su valor se fabricase un hospital para todos los pobres enfermos de la dicha villa, por haberse pedido las limosnas con que se ha obrado para dicho efecto, y que si, por algún accidente, no se fabricase dicho hospital, era su voluntad se convirtiere dichos maravedís en una obra pía, y que la mitad de la renta que se situase, fuera para casar pobres huérfanos de la dicha villa, la otra mitad se convirtiese en misas por las benditas ánimas del Purgatorio, según más largamente se contiene en el dicho testamento....

Y porque conforme a una escritura y donación que la dicha madre Francisca de Oviedo parece que hizo antes de otorgar el dicho testamento de dicha obra y emolumentos se contradice lo uno con lo otro, nos ha parecido dar cuenta a vuestra Merced, como Pastor Universal en este Obispado, para que declare en qué conformidad se ha de obrar en vista de dicho testamento, escritura y donación, y si tienen fuerza o no las cláusulas y mandas contenidas en el dicho testamento, con lo cual protestamos haber cumplido así nuestra obligación y ejecutar lo que Vuestra Merced ordenare, a quien pedimos y suplicamos así lo declare y mande, porque no nos pase perjuicio, pedimos justicia y todo lo necesario.

Alonso Martín, Diego Sánchez, Lorenzo Sánchez

RESOLUCIÓN

La rápida respuesta del Obispado de Plasencia fue la siguiente:

En la ciudad de Plasencia, en diez y nueve de julio de mil y seiscientos y sesenta años, ante su Merced el Sr. Dr. D. Francisco Verdín y Molina, Canónigo de la Santa Iglesia Catedral de Cartagena, Gobernado Provisional y Vicario General de esta ciudad y su Obispado, por su Excelencia, el Sr. Obispo de…. Se presentó esta petición y los papeles que en ella hacen mención y vistos por su Merced, dijo:

"Que declarava y declaró no haber lugar al cumplimiento de el testamento de la dicha Francisca de Oviedo por no ser suyos los bienes de que lo susodicho dispuso, y en caso de que fuera válido el testamento dicho, respecto de la imposibilidad de la ejecución de la voluntad de la susodicha, en la fundación del hospital que en él se refiere y ser éste el caso en que los señores Obispos pueden conmutar las últimas voluntades y ser el convento de religiosas recoletas de dicha villa de mayor culto y reverencia de la Santa Imagen a que se dedicaba dicha disposición, conmutaba y conmutó la voluntad de la susodicha, en caso de que sea necesario de que se gasten los bienes en dicho testamento contenidos en la perfección de dicho convento. Y manda a los testamentarios los entreguen al dicho convento o a la persona que tuviere con poder, y declara su Merced no tener obligación dichos testamentarios al cumplimiento de dicho testamento en esta parte, y que no se les pueda pedir cuenta ahora, ni en ningún tiempo de dicho cumplimiento, y la firmo.

El Dr. D. Francisco Verdín y Molina.
Ante mí. Dr. Serrano

CONTINUIDAD DEL CONVENTO

Más de 355 años las Religiosas Agustinas Recoletas de todos lo tiempos han cumplido con creces la misión encomendada, realizando una labor espiritual inapreciable en favor de Serradilla y de todos los devotos del Cristo de la Victoria, y con sus oraciones y sacrificios, con su delicadeza y cariño han resaltado los actos litúrgicos con sus plegarias y cánticos, resaltando la liturgia en cuantas intervenciones han participado, contribuyendo al decoro del templo con la exquisitez femenina que les caracteriza. Siempre el templo ha brillado por su limpieza impoluta y el adorno exquisito de buen gusto. A ellas debemos la grata impresión que causa entre los fieles y devotos que continuamente visitan el magnífico santuario. Un orgullo más para Serradilla contar con mujeres entregadas en cuerpo y alma al servicio de Dios y de su Cristo bendito, siendo eternas y fieles guardianas y pararrayos de la justicia divina ante la corrupción del mundo y un oasis de paz y recogimiento espiritual para las almas y solaz para los cuerpos. Ellas se encargan de gestionar lo mejores predicadores disponibles para las novenas de la Cruz y el Triduo de San Agustín, copatrono del pueblo.

¡Cuántas palabras de consuelo y ayuda han dispensado las monjas a través del torno, o mejor, de los tornos - y del locutorio a quienes se han acercado a ellas! Ha sido un magnífico regalo de Dios, uno más, que nos dejó como herencia la Beata Francisca de Oviedo. La musa popular así lo canta:

> Ese tesoro fue dado
> a las Monjas Agustinas,
> porque siendo amantes finas
> no se aparatan de su lado.

LOS POETAS CANTAN A LA BEATA

El 22 de septiembre e 1923, el poeta serradillano y médico que fue durante muchos años en Don Benito (Badajoz), Don Celestino Vega, dedicó en su juventud una semblanza de Francisca de Oviedo, que recordamos aquí y ahora:

Fue Francisca de Oviedo una *Beata* andariega
cuyo sayal manchaba polvo de cien caminos;
alma que, generosa, toda al amor se entrega
alumbrada de místicos resplandores divinos.

Como Isabel de Hungría
curaba los leprosos en la leprosería
con sus manos de reina, Francisca, la beata
iba de casa en casa, llevando en su piedad,
la buena medicina que al infortunio mata,
con sus manos ungidas de amor de caridad.

Fue aquí, en Serradilla, ya hace ya muchos años;
en una pobre casa destartalada y fría
tendida en un escaño,
una mujer moría.
Y, cuando iba a darse cristiana sepultura,
el cuerpo levantara *la Beata* con sus manos,
espantados, sus ojos, vieron con amargura
que cada llaga estaba bordada de gusanos.

Y cual si la doliera sobre su carne misma,
ya, sin noche ni día, se fue por los caminos
pidiendo una limosna como los peregrinos.

Recorrió Extremadura, la crespa en encinares;
yendo de pueblo en pueblo, llegó hasta Portugal,
pués querían sus ansias de caridad bendita
fundar un hospital.
Y de sus soledades por largos viales;
de aquel amor sublime que hubo en su corazón;
acaso porque viera con ojos irreales,
por el largo camino, como una aparición
envuelta en torbellinos de resplandores de gloria,
se modeló en su alma la divina escultura
de un Cristo que camina y abraza una *Victoria*.

Un Cristo que era todo triunfante y mal-herido,
como un amor doliente;
que con rosas de sangre tiene el cuerpo vestido
y lleva una corona de espinas en la frente.

¡Le llevaba en su alma! Rioja sólo ha hecho
modelar un madero. Porque esos ojos tristes,
ese gesto sublime de triunfo y piedad,
y esa mano que ofrenda todo su corazón,
son el símbolo dulce del Dios de la Caridad
que ha visto una alma santa en alucinación!
Francisca, *la Beata*, tuvo ya su hospital;
y un día en que cantaban gozosas las campanas,
asomó por la cumbre la santa procesión
en que venía el Cristo. – Bajo el burdo sayal
de Francisca, de gozo lloraba el corazón -.

Y cuando le tuvimos para nosotros siempre,
y hubo que hacer la casa donde fuera a morar,
cada serradillano trabajó cuanto pudo;
de los hondos cimientos alzábanse los muros,
y un amor santo y puro alivió el trajinar.

Curvábanse los lomos enormes de los bueyes
arrastrando las vigas; ayudaba el gañán.
Y cuando por las noches descansaba la gente,
brillaba sobre el cielo, como un ojo vidente,
dulce nardo de luz, una estrella de paz.
La beata Francisca nos legó sus amores;
el Cristo que por siempre nos iba a guardar;
la tan preciada *Joya*, que ni con nuestras vidas
de su fervor cautivas, la podremos pagar.

Luego se fue en la sombra, la cobijó el olvido.
Como una flor que diera todo lo que ha tenido:
Perfume, amor y fe.

Cuando su cuerpo viejo se inclinaba a la tierra,
aquella mujer santa, que tanto amor nos diera,
por los negros caminos de la muerte se fué.

Un altar elevemos en nuestros corazones,
hecho con el recuerdo de esa santa mujer:
la que caminaba por los largos caminos;
la que de amor humano y de amores divinos,
llena de exaltaciones, por este mundo fue
como Teresa de Jesús, *la Doctora*,
bajo el cielo de raso de la llana Castilla.

¡Francisca la Beata! Todo serradillano
la debiera llamar: ¡Madre de Serradilla! [8]

El Coro del Himno repite cada estrofa con una petición fervorosa:

Este pueblo que te adora
pide que en tu fé le enciendas
y del pecado defiendas
con tu mano protectora.

---

[8] CelestinoVega Mateos.Semblanza de Francisca de Oviedo. Poesía declamada por su autor el 22 de Septiembre de 1923

HIMNO EN HONOR A LA BEATA

Últimamente se ha compuesto un himno en honor a la Beata que se cantó el día de la inauguración de la estatua, el día 2 de Mayo de 1999, siendo alcalde de Serradilla Don Carlos Jesús Fernández Blázquez, y su Ayuntamiento se volcó en dar esplendor a los actos de Francisca de Oviedo y Palacios: Al descubrirse la estatua pudo leerse la dedicatoria:

SERRADILLA, AGRADECIDA A FRANCISCA DE OVIEDO
A QUIEN ESTA IMAGEN NOS TRAJO AL LUGAR

El coro entonó el himno que dice así:

Este pueblo vestido de fiesta,
para honrarte, Francisca de Oviedo,
hoy te aclama cantando gozoso
bellos himnos de agradecimiento.

Estribillo:

Serradilla te dedica este día
monumento de gloria y honor;
por habernos traído este Cristo,
que es de todos consuelo y amor…!

Como blanca azucena naciste
en un valle de tierra extremeña,
tu pureza al amor ofreciste,
a Jesús, por quien vives y sueñas.

Peregrina por largos caminos
fue tu vida modelo en virtud,
te guiaba un destello divino
del que Cristo nos muestra en la Cruz.

(Para terminar se canta este otro ESTRIBILLO) :

Serradilla te quiere y te aclama
como su hija escogida, y hará
que de amor no se extinga esta llama,
y a tu nombre le perpetuará.

Los gastos de la promoción y compra de la estatua de la beata corrió a cargo de la comunidad de religiosas agustinas de Serradilla

NUEVO TEMPLO

La Beata ha muerto, pero su legado sigue vivo. Porque aquel primitivo templo y convento, que ella edificara se quedaron pequeños. Había que derribar la iglesia primitiva y construir otra con más capacidad por la afluencia cada vez mayor de peregrinos y ampliar las celdas porque aumentaban las vocaciones que solicitaban ingresar en religión. Las religiosas agustinas consiguieron el permiso para edificar un nuevo templo más capaz, esbelto y majestuoso, el día 16 de mayo de 1672.

El obispo de Plasencia, don Diego Sarmiento Valladares otorgó su licencia para derribar la pequeña iglesia y levantar otra mayor, comisionando al Lic. D. Diego Sánchez, presbítero, natural de Serradilla y párroco de Logrosán, para el derribo de la primitiva iglesia y la ejecución de la otra, sin que haya persona que lo impida, bajo pena de excomunión.

Don Diego Sánchez sería capellán del Cristo desde el año 1668 hasta el año 1695 en que murió. Fue el encargado de la administración del dinero de las obras.

El proyecto era ambicioso, pero digno de ser orgullo de la definitiva morada del Cristo que nos legara la Beata. Sería una amplia y majestuosa fábrica de estilo renacentista, con la esbeltez de las mejores iglesias con planta de cruz latina.

La planta de la nueva iglesia, de estilo renacentista es de una sola nave, rematada con una cúpula de media naranja. La fachada es de sillares, con tres hornacinas donde se alojan las imágenes del Cristo de la Victoria, san Agustín y santa Mónica, esculpidas en granito, rematando la fachada el escudo de la Orden Agustiniana. Todo coronado por cornisa y espadaña, con sillares y dos vanos de medio punto para las campanas. Sobre el ángulo central se alza una esfera metálica que sirve de soporte a una esbelta cruz de hierro lobulada. Aquí se colocan las banderas de los nuevos sacerdotes del pueblo al celebrar su primera misa.

ACONTECIMIENTO SIGULAR

Acontecimiento singular e irrepetible tuvo lugar en junio de 1960 en que cinco sacerdotes del pueblo fueron ordenados sacerdotes, fruto de la labor pastoral de Don Ramón Núnez Martín, incoado hoy su proceso de beatificación. Nadie descarta que se trata de un nuevo prodigio del Santísimo Cristo de la Victoria, de aquellos cinco muchachos que ingresaron en octubre de 1948 en el Seminario Diocesano de Plasencia, y que durante doce años vieron pasar por su mismo curso 44 aspirantes, para terminar tan sólo ordenados 12 sacerdotes. Y de los Doce, CINCO, eran de Serradilla. Nunca había ocurrido un caso así en ninguna parroquia de la diócesis de Plasencia. Cinco sacerdotes del mismo pueblo a la vez. Tan singular e inusitado era este caso que Don Pedro Zarranz y Pueyo, Obispo de Plasencia determinó ordenar por primera vez en la historia de la diócesis, no en la Catedral, sino en su propia parroquia de Nuestra Señora de la Asunción de Serradilla el 19 de Junio de 1960, fué, la Semana más grande que ha vivido Serradilla en su historia. Cinco banderas fueron subiendo a lo alto de la espadaña del Santuario del Cristo previas a las cinco primeras misas de los nuevos misacantanos. Una gran semana en la que participó todo el pueblo, admirados del acontecimiento que habían tenido la suerte de vivir. Dada la escasez de vocaciones actuales no es aventurado pronosticar que vuelva a repetirse un caso similar en mucho tiempo o tal vez nunca. Como colofón, también el capellán del Convento, don Alfonso Bermejo Castro, celebró esa misma semana, sus bodas de oro sacerdotales.

Espadaña del campanario donde se colocan las banderas de los nuevos sacerdotes del pueblo la víspera de su primera misa.

Estos son los nombres de los cinco sacerdotes condiscípulos:

CARLOS DÍAZ DÍAZ
JOSÉ MARÍA SÁNCHEZ MATEOS
MIGUEL MATEOS GARCÍA
MARCELO BLÁZQUEZ RODRIGO
JOSÉ ANTONIO MATEOS REAL[9]

Carlos Díaz Díaz y Miguel Mateos García ya han precedido al resto en la gloria del cielo.

---

[9] José Antonio cantó misa dos años después, por no tener la edad canónica (24 años), aunque hizo los doce años de carrera junto a los demás y enviado a Comillas para ampliar estudios, pero se le considera como uno más del GRUPO de aquellos CINCO MUCHACHOS.

FACHADA DEL TEMPLO

Ante la fachada principal existe un atrio enlosado con granito y cerrado por un antepecho, con tres entradas, una de frente y dos laterales, todo en piedra granítica, con sencilla repisa rematada con seis bolas de granito. Estas bolas, semejantes a la cabeza humana, sirve para resaltar la torpeza de una persona y se le espeta esta frase: *"Tienes la cabeza más dura que los morillos del santo Cristo".*

La mayor parte del dinero la puso el gran mecenas don Diego de Vargas, Conde del Puerto y su esposa Doña Antonia Alarcón. Tal vez como gratitud al santo Cristo por la concesión del citado título de Conde del Puerto que le fue otorgado, por real despacho el 18 de octubre de 1665. Don Diego había sido Caballero de Calatrava y luego II Vizconde de Cerraldo.

La edificación de la iglesia costó 20.000 ducados, cifra bastante elevada para la época y fue construida en tiempo record de unos tres años.

El año 1675 ya estaba terminada la nueva iglesia. Una vez terminada la iglesia se empezó con los retablos de la misma en el año 1699 y se terminaron en el mes de octubre del año 1701, valiendo más de 80.000 reales.

RETABLOS

La iglesia tiene tres deslumbrantes retablos, el mayor, el cual está dedicado al Cristo y otros dos laterales, dedicados al Sagrado Corazón de Jesús, a la izquierda y a la Virgen del Carmen, a la derecha.

El retablo central llena todo el paramento frontal del presbiterio. Es obra del escultor madrileño Maestro Francisco de la Torre (1699), el cual cobró 50.000 reales por su ejecución. La madera valió 10.694 reales. Fue dorado por el maestro Francisco Baliño, con láminas de oro de 28 quilates.

Este altar está compuesto de tres cuerpos, base, medio y cuerpo superior. Cada cuerpo tiene varias hornacinas, separadas por columnas salomónicas, profusamente ornamentadas con racimos y hojas de parra.

En el centro del retablo está el camarín del Cristo, el cual tiene forma de urna cerrada, de forma rectangular, ornamentado con cuatro columnas menores, también salomónicas y racimadas profusamente y con grandes cristales por los cuatro costados. Sobre los capiteles de esas columnas se alza un soberbio baldaquino que semeja una tiara persa y piramidal. La luna posterior de la vitrina esta dividida en dos partes verticales, o puertas, para poder entrar a venerar y contemplar de cerca la impresionante imagen. Es como el **Sancta Sanctorum** de este suntuoso y devoto templo. Ante los abusos por el manoseo y besuqueo de los devotos, después de la restauración de la imagen, hecha por don Mariano Nieto Pérez, Conservador-Restaurador del Museo Nacional de Escultura, no se permite ese paso por delante de la misma, pero puede contemplarse el frente mediante espejos.

A la entrada del camarín, antes de dar acceso a las nuevas escaleras de mármol de subida y bajada, se debe observar la verja de dos hojas, hecha en forja el año 1935 por el herrero serradillano Manuel Cobos, Primer Premio, Diploma de Honor y Medalla en la Exposición Internacional de Artesanía, celebrada en Madrid en 1953 y donada después por la familia del artesano.

En el centro, bajo el camarín, un gran expositor con puertas giratorias, y más abajo aún, sobre el altar, el sagrario. Con la reforma litúrgica última, y al no celebrarse la misa de espaldas al pueblo, el altar ha sido sacado más afuera, dando el sacerdote cara a los fieles.

En la base del camarín se encuentra una peana de plata, obra del platero Juan Domínguez, de Talavera de la Reina, la cual realizó en el año 1705 y valió 6.600 reales.

Al lado de camarín del Cristo están las imágenes de san Agustín, rica talla policromada, de Francisco Baliño. Fundador de la orden a la derecha y santa Mónica a la izquierda, del mismo autor terminadas ambas en 1705 en Madrid.

En la parte inferior del retablo, están colocadas las imágenes de Santo Tomás de Villanueva y de san Juan de Sahagún, santos de la orden agustiniana. Como curiosidad es de reseñar que a santo Tomás de Villanueva colocaron las monjas en el lugar que ocupa el Cristo durante la revolución francesa, cuyos soldados arrasaron a fuego el pueblo llegando las llamas hasta la verja de la iglesia del santuario. Las monjas, precavidas, ocultaron la talla del Cristo donde no pudieran localizarla las tropas galas, salvando así la imagen de la destrucción o del saqueo. Pero los franceses al subir al camarín sospecharon que tanto derroche de arte había merecido otro santo y un soldado, rabioso de no haber encontrado el botín buscado, tiró a Santo Tomás de Villanueva de su trono, diciendo: *Este santo no es para este trono.* Consecuencia del exabrupto la escultura sufrió los desperfectos de la caída. Hasta hace poco pudieron observarse los dedos de las manos rotas, hasta que fueron restauradas por don Mariano Nieto.

Rematando el retablo esta la imagen del Arcángel San Miguel, rica imagen policromada en estofado. Mide dos metros de altura, hecha en taller madrileño el año 1710, por encargo de los Condes del Puerto.

La bóveda y los laterales, con pinturas de la corte celestial, son todas de Francisco Baliño, pintadas entre 1710- 1715.

En el centro de la bóveda esta el **Espíritu Santo**, rica talla en estofado del taller madrileño (1715).

En el arco de la cúpula está el **Padre Eterno**, talla policromada, estofado, taller madrileño (1715).

Sobre los ángulos de los arcos sobre los que se apoya la cúpula están pintados los cuatro Evangelistas.

Existen dos altares laterales, uno junto a la sacristía y el otro junto a la puerta que da acceso al claustro conventual. Ambos son del mismo estilo que el mayor, destacando las columnas salomónicas profusamente decoradas con racimos de uva y hojas de parra. Son obra de los maestros y entalladores José de Tomar y Juan de la Rosa, que cobraron 15.000 reales, incluidos los herrajes, colocación y gastos menores. La madera, en factura separada, importó 4.010 reales.

Es de recordar que estos dos entalladores promovieron un pleito alegando que a ellos se les había ofrecido la construcción del retablo central. Aunque ganó el convento, tuvo que pagar la cantidad de 321 reales.

En el altar de la derecha podemos ver tres hornacinas, las cuales están ocupadas por la Virgen del Carmen, en el centro, a la derecha por santa Clara de Montefalco, y en la izquierda san Nicolás de Tolentino, del taller de Nápoles (1700), santos agustinos los dos. Corona el retablo un óleo enmarcado de santa Inés, virgen y mártir. Degollada por orden del Prefecto Sinfronio y de su Vicario Aspasio, en Roma, durante el reinado del emperador Diocleciano. Inés sufrió el martirio a la edad de 13 años.

El altar de la izquierda tiene también tres hornacinas, ocupadas por el Sagrado Corazón de Jesús en el centro, rica talla policromada, obra de Francisco Font, taller madrileño (1902).

A la derecha San José, talla policromada y es la más antigua que se venera en este Santuario (1600) y a la izquierda santa Rita de Casia. Es una de las Santas más populares de la Iglesia. Su cuerpo se conserva incorrupto en Casia (Italia) y es *"abogada de los imposibles"*

Otro precioso óleo enmarcado es el de santa Úrsula, virgen y mártir, y Princesa, hija de Dienot, Rey de Cornualles (Inglaterra), remata el conjunto.

Mucha de la madera para la fabricación de los retablos fue acarreada desde los riberos del Tajo, llegando a pesar algunos troncos más de 80 arrobas. En esta labor participó todo el pueblo, tanto con sus trabajos, como con sus animales.

DORADO DE LOS RETABLOS

Terminados los retablos se empezó a dorarlos, cosa mucho más cara que su construcción. Fue el dorador don Francisco Baliño, de Madrid, el cual cobró por el dorado 64.000 reales de vellón. Además de esto cobró en octubre de 1705, otros 10.000 reales por obras de dorado, pintado y estofado en el presbiterio de la imagen del Cristo.

Así mismo se compraron en Madrid las imágenes de san Miguel que valió 2.500 reales, santo Tomás de Villanueva y santa Rita de Casia, las cuales importaron 1.400 reales cada una.

Otra generosa mecenas de los retablos fue Doña María de la Fuente de Arratia, madrileña, esposa de D. Pedro Jáuregui, Secretario que fue de Rey Felipe IV. Al quedar viuda, ingresó en este convento y tomó el nombre de María de Cristo. Ya hemos hablado de ella.

Todo este dinero, en su gran mayoría, provenía de las dotes y testamentos de las monjas del convento, así como benefactores de familias nobles y acomodadas, las cuales hacían mandas y capellanías, cuya lista hemos relatado antes.

Cuando se hicieron las obras de ampliación del Santuario y del Monasterio, tal como hoy están, la Madre Priora era la Reverenda Madre Isabel de la Madre de Dios, que actualmente está en proceso de Beatificación y Canonización.

Altar y Retablo Mayor, donde se encuentra el Camarín del Cristo.

LA REJA Y EL PÚLPITO

Cerrando el crucero del cuerpo de la iglesia se encuentra una gran verja de hierro fundido, realizada en el año 1713. Para su fabricación se pensó en unos talleres de Vizcaya, pero otros opinaban que se realizara en Serradilla y se abarataría el coste. Por fin, se realizó en Talavera de la Reina. La verja está adornada con ángeles, floreros, cipreses, dos águilas caudales coronadas que sostienen el escudo de la orden agustiniana con una cruz que remata el centro de la reja. En este escudo puede leerse en latín la famosa frase de San Agustín: *"Vulnerasti cor meum"* (Heriste mi corazón).

En esta verja solían colocarse los exvotos por los favores conseguidos.

El púlpito esta construido de hierro forjado y es contemporáneo de la reja. Lleva una inscripción que dice: **Este púlpito dieron de limosnas los devotos de la santa imagen para el Convento de las Madres Agustinas Recoletas de la Serradilla.**

Últimamente, el año 1981, se construyó, al lado del Monasterio, para descanso de los visitantes, el llamado **DESCANSO DEL PEREGRINO,** que después fue sustituido por el actual **CENTRO DE ESPIRITUALIDAD Y ACOGIDA,** dotado de todos los recursos para esta finalidad.

El templo, tal como esta hoy, fue la culminación de la obra emprendida por Francisca de Oviedo, que ella no llegó a conocer. Pero la Beata sembró la semilla, como diminuto grano de mostaza, que creció como un gran árbol y derivó en un santuario espléndido y magnífico, reconocido últimamente por el Gobierno español, por Real Decreto el 7 de Julio de 1981, como **Monumento Histórico Artístico Nacional**, que todo visitante puede contemplar, admirar y disfrutar, ya que como dice el mismo Real Decreto:

"Hay además en este monasterio cuadros, imágenes y objetos de culto de gran calidad, donados por sus protectores, constituyendo un museo magníficamente ambientado"

Todo ello es el gran regalo de Francisca de Oviedo y Palacios, super-campeona de bondades, sacrificios y esfuerzos, pero sobre todo, ejemplo patente de caridad.

Seguro que ella no nos pide aplausos ni dedicaciones, aunque bien se lo merece, pero sí la imitación de su amor a Dios y a los hombres, su celo y caridad para con todos, especialmente para los más pobres y necesitados de nuestro tiempo. Y ese será el mejor homenaje que podemos hacer a nuestra heroína, la mujer andariega, valiente, incansable, quien no se detuvo ante las dificultades para traernos al pueblo de Serradilla, su bendito CRISTO DE LA VICTORIA, y a quien tenemos que estar eternamente agradecidos.

Marcelo Blázquez Rodrigo
17 de Enero, 2015, Albany, New York,

BIBLIOGRAFÍA

FRAY FRANCISCO IGNACIO DEL CASTILLO, Religioso Agustino. Vida de la Madre Isabel de Jesús, fundadora del convento de Serradilla. Apéndice: Principio y origen de la milagrosa imagen del Santísimo Cristo de la Victoria. Madrid, Año 1675.

PADRE EUGENIO CANTERA. O.R.S.A. Historia del Santísimo Cristo de la Victoria que se venera en la villa de Serradilla (Cáceres). Segunda Edición. Año 1922. Tipografía "Santa Rita". Monachil, Granada). Reeditado en Plasencia por Gráficas Sandoval en diciembre de 1993 en su sexta edición.

Principio y origen de la milagrosa imagen del Smo. Cristo de la Victoria. Titular del Convento de Madres Recoletas de N.P. S. Agustín, en la villa de la Serradilla, Diócesis de Plasencia. Reimpreso con superior permiso. Torrejoncillo. Imprenta de C. Gil. 1909.

AGUSTÍN SÁNCHEZ RODRIGO. Apuntes para la historia de Serradilla. Editorial Sánchez Rodrigo. Serradilla (Cáceres), 1930.

LUCAS GONZALEZ HERRERO. Gran difusor de la devoción al Cristo de Serradilla a través del diario YA y de RADIO NACIONAL DE ESPANA en numerosas intervenciones.

JOSÉ MARÍA ORIOL Y URQUIJO. El Cristo de Serradilla. Artículo aparecido en el diario ABC de Madrid, correspondiente al día 15 de Enero de 1970.

CUADERNO NÚMERO 6072 DE LA BIBLIOTECA NACIONAL DE MADRID. Sección de manuscritos, que trata de las manifestaciones particulares de Dios sobre la fundación del convento de Serradilla.

RAMÓN MENÉNDEZ PIDAL. Historia de España. Espasa Calpe, 1964.

MANUEL ALVAR LOPEZ. España. Las tierras. Las lenguas. Círculo de Lectores, Barcelona, 1991.

MANUEL FERNÁNDEZ ÁLVAREZ. La Sociedad Española del Renacimiento. Ediciones Cátedra, S. A. Madrid,1974.

HENRY CAMEN. La Inquisición Española. Alianza Editorial, Madrid, 1978.

OWEN CHADWICK. The Reformation. Pinguin Books, Ltd. London, 1964.

JESÚS SIMÓN DÍAZ. Cien escritores madrileños del Siglo de Oro. Instituto de Estudios Madrileños. 1975.

RICARDO DEL ARCO Y GARAY. La sociedad estamental en las obras de Don Juan Manuel. Madrid, 1942.

LUCINA DE STEFANO. Nueva Revista de Filología Hispánica, 1932, pp. 329-354.

TEODORO FERNÁNDEZ SÁNCHEZ. Y Cristo eligió Serradilla. Biografía de Francisca de Oviedo y Palacios, promotora de la imagen y devoción a tan milagroso Cristo. Copegraf, S.L Cáceres, 1999.

JOSÉ SENDÍN BLÁZQUEZ. Leyendas Religiosas de Extremadura. Sanguino-offset. Plasencia (Cáceres), 1989.

LA VOZ DE MAYORGA. SEMBRANDO INQUIERUDES. Publicado por A.C. P. "PEDRO DE TREJO" Plasencia, junio, 16 2008.

JAVIER TOMÉ & NORBERTO. Serradilla. Santuario del Santísimo Cristo de la Victoria. Edilesa 1999.

Guía para la visita al Santuario del Santísimo Cristo de la Victoria. Imprime Kaher-II, S.A. Madrid 1990.

SERGIO LORENZO. El robo del siglo en Cáceres. Diario HOY DE EXTREMADURA. Sección: Cáceres Escaparate. Agosto 30, 2014.

CARLOS J. MARTÍN DÍAZ. Serradilla, Arte y Naturaleza en Convivencia. Senderos de Extremadura. Alextur, Número 3, Mayo-Julio, 1999.

JOSÉ MARÍA REAL ANTÓN. Visión cronológica, histórica y social sobre la vida y obra de la Beata Francisca de Oviedo y Palacios, (1588-1988). Charla pronunciada el 16 de agosto de 1988 con motivo del Tercer Centenario del nacimiento de la Beata.

SERRADILLA, un lugar de Monfragüe que habla con su pasado. Cuadernillo turístico elaborado y ejecutado por la Asociación El DUENDI: En cata de lo nuestru. Gráficas Morgado, S. L.U. Cáceres, 2013.

FRANCISCO GONZALEZ CUESTA. Los Obispos de Plasencia. Aproximación al Episcopolgio Placentino. Gráficas Sandoval. Plasencia, Extremadura. Enero 16, 2002.

Y un nutrido elenco de copias de documentos inéditos que se encuentran dentro del Convento, gentilmente facilitadas por las Madres Agustinas Recoletas del Monasterio del Santísimo Cristo de la Victoria de Serradilla, que han sido enriquecedoras y utilísimas para la redacción de esta obra. Nuestro sincero agradecimiento.

Printed in the United States
By Bookmasters